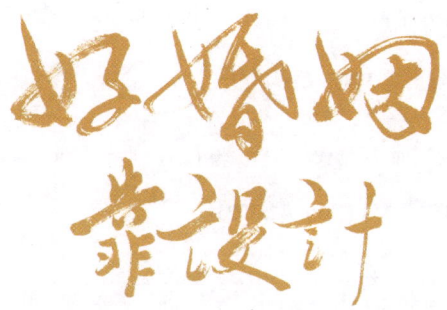

刘金 著

图书在版编目（CIP）数据

好婚姻靠设计 / 刘金著. --北京：华夏出版社，2017.1
ISBN 978-7-5080-8962-1

Ⅰ.①好… Ⅱ.①刘… Ⅲ.①婚姻—通俗读物 Ⅳ.①C913.13-49

中国版本图书馆CIP数据核字(2016)第231025号

版权所有，翻印必究

好婚姻靠设计

作　　者　刘　金
责任编辑　王占刚　王秋实

出版发行　华夏出版社
经　　销　新华书店
印　　刷　北京华宇信诺印刷有限公司
装　　订　北京华宇信诺印刷有限公司
版　　次　2017年1月北京第1版　2017年1月北京第1次印刷
开　　本　880×1230　1/32开
印　　张　7.5
字　　数　130千字
定　　价　39.00元

华夏出版社　网址：www.hxph.com.cn 地址：北京市东直门外香河园北里4号 邮编：100028
若发现本版图书有印装质量问题，请与我社营销中心联系调换。电话：（010）64663331（转）

刘金与中国消费者协会副秘书长 武高汉

刘金应邀参加两岸四地纪念国家主席习近平之父习仲勋诞辰100周年座谈会

刘金与中科院陈一筠教授

刘金与周大福董事长

刘金随深圳妇联主席马宏参加2016深圳"三八妇女节爱她行动"

2016刘金老师与金凤凰婚姻学院047期学员合影

刘金与上海婚庆行业协会会长曹仲华（左一）、中社联婚姻文化联合会监事委主席张燕平（右二）及深圳市婚庆行业协会会长崔建明（右一）

刘金与法律顾问代表肖飞（右二）及刘洋（右一）、荆香怡（左二）和深圳市婚庆行业协会会长崔建明（左一）

刘金在"五四军民相亲会"活动中接受电视媒体采访

刘金与大妗姐

序：找朋友、找老公、找老婆都要找对人

刘金入行 20 多年后，终于要出书了，这是我和她的朋友们一直期待的事情。2006 年的春天，深圳市婚庆行业协会成立之初，刘金的金凤凰婚恋机构就是协会的创会单位之一。20 多年来，刘金和她的团队勤奋努力、兢兢业业，把金凤凰经营得风生水起，创造了全国行业内著名的"三不换"的好形象、好口碑，即不换地址、不换老板、不换招牌，经营团队也完成了 50、60、70、80、90 这几个年代员工的梯队建设，金凤凰已经成为中外家喻户晓的诚信可靠的婚恋服务高端品牌。

讲到婚恋媒介，这是在中国具有数千年历史的行当。《诗经》就有"娶妻如何，匪媒不得"的诗句，证明早在周代媒人就已经是婚姻活动中的重要角色了。之后历朝历代的礼制和法律都明确规定婚姻一定要有"媒妁之言"，例如在《唐律》中规定："为婚之法，必有行媒。"在中国古代，一个标准的婚姻流程必须经过六个环节，即所谓的六礼——纳采、问名、纳吉、纳征、请期、亲迎，这六个环节缺一

不可,且均由媒人担纲完成。是故,媒人在传统的婚姻活动中拥有十分重要的身份,因此孟子把"父母之命,媒妁之言"放在非常重要的地位。元代王实甫在《破窑记》第三折中说:"说合先定千条计,花红谢礼要十倍。打发的媒婆不喜欢,调唆的两家乱一世。"清朝时期广东南海的吴趼人写了一部《二十年目睹之怪现状》,第59回有这样一段:"叫了几家媒婆来说亲,看了几家丫头和贫家女儿;看对了,便娶了一个过来。"元朝的《典章》中写道:"媒妁由地方长老,保送信实妇人,充官为籍。"从中看出媒妁主要由妇女担任,是古代妇女担纲的主要职业之一。很多朝代甚至设置官媒,专门负责社会婚姻事务,《红楼梦》第71、72和77回中多次出现官媒这一称呼。再往前推,周朝就有媒氏这一职位,《周礼·地官·媒氏》记载:"媒氏掌万民之判。凡男女自成名以上,皆书年月日名焉。令男三十而娶,女二十而嫁。凡娶判妻入子者,皆书之。中春之月,令会男女,于是时也。奔者不禁。若无故而不用令者,罚之。司男女之无夫家者而会之,凡嫁之娶妻,入币纯帛无过五两。禁迁葬者与嫁殇者,男女之阴讼,听之于胜国之社。其附于刑者,归之于士。"这里面可以看出,判者,半也,男女一人各为一半,合之为偶为夫妇。因此,"判"就是婚姻,"掌万民之判"也就是负责打理婚姻的官员。这些文字证明中国是世界上最早具有官媒和婚姻管理制度的国家,它明确地确认了媒氏的职权,即记录新生婴孩的出生年月和姓名,规定适婚男女必须准时结婚,每年的农历二月,即春耕之前要及时安排婚礼事项,政府要监管婚姻活动的财务支出、主管婚姻纠纷的处理等,这些重要的法律制度得到了很好的传承。《史记·人物志》里便提到"为设官媒,始知婚娶"。元明以降,官媒一直是在衙门中登记认可的媒婆,她的身份和衙役是一样的,都是国家公务员,一是掌管女犯人的婚配,二是负责在大堂上解决婚姻纠纷。

中国是儒教国家,孟子在《滕文公下》一文中讲:"不待父母之命,媒妁之言,钻穴隙相窥,逾墙相从,则父母国人皆贱之。"这便是媒妁之言成语的出处,从此便有了"男女非有行媒不相问名""男女无媒不交""女无媒不嫁""天上无云不下雨,地上无媒不成亲""男女授受不亲"等古训,媒为男方的媒人,妁为女方的媒人,所以明朝的汤显祖在《还魂记·婚走》中有一句台词:"秀才,可记得古书云:必待父母之命,媒妁之言。"古代则留下三姑六婆之说法,三姑指尼姑、道姑和卦姑,六婆指媒婆、牙婆、师婆、虔婆、药婆、稳婆,从中看出媒婆的社会地位还是很显赫的,并有浪漫温馨的红娘一说。唐人元稹的《莺莺传》首次出现了红娘这一角色,到了北宋红娘的故事进入了话本《莺莺传》和官本杂剧《莺莺六幺》,金代的董解元则第一次全面改造了这个故事并将其改编成了《西厢记诸宫调》,元代的王实甫进一步发扬光大了千古流芳的《西厢记》,红娘的鲜活形象和受欢迎的程度甚至超过了崔莺莺和张生,崔张二人在普救寺里一见钟情,在红娘的鼎力支持下,冲破封建阻挠,挣脱礼教束缚,一对有情人终成眷属。自此之后,红娘就成了天下公认的第一媒人。古人云,人生自古三大喜事:他乡遇故知、金榜题名时、洞房花烛夜。婚姻的重要性自不待言,而媒人从中发挥的作用是不可取代的。

人类社会进入现代文明之后,生活的节奏不断加快,工作的压力不断增大,未婚男女的交友范围又很狭窄,造成天文数字般的剩男剩女。2015 年,全国登记结婚的对数为 1213 万对,却有 300 多万对夫妻离婚,结婚率持续下降,离婚率连年上升,尤其是在北、上、广、深这样一些特大城市里,未婚男女的数量都是令人担忧的。在深圳这样一个拥有 2000 多万人口的城市里,2015 年步入婚姻殿堂的新人只有 6.3 万对左右,广州也仅仅 9.2 万对左右,婚姻事业的前景不容乐观。作为从事婚恋工作20多年的刘金,她把自己的所有时间和精力都投入了婚恋事业之中,将自己多年的工作经历和心得体会归纳到了《好婚姻靠设计》这本书里并和大家共同分享。她常常讲,娶错妻衰九代,嫁错郎重投胎。这真的道出了婚姻的真谛——家是心灵的港湾,是情感的寄托之处,工作再紧张,事业再失败,家永远是一个让心灵能够歇息、补充正能量的地方。失败的婚姻带来的家庭氛围是压抑的、寒冷的,长时间的积郁和负能量的增长必将毁灭人一生的幸福。刘金认为,人的一生要经历三次生命历程,第一次是降临人世,第二次是成家立业,第三次是迎接新的生命。这是生命的延续和轮回,成家、立业和养育孩子永远是维系生命和家庭的一条红线,它贯穿了人的生命始终,中心主题就是找朋友、找老公、找老婆都要找对人。因而婚姻关系到两个人一生的幸福,一份好婚姻更是会福荫子孙后代。从事婚恋事业的刘金将这一工作视为自己终身不悔的唯一选择,相信一定可以帮到更多的未婚男女和家庭。如今的金凤凰在海内外开设了更多的分支机构,网络上金凤凰的专栏阅读量在一亿以上。在金凤凰的婚姻大讲堂和幸福教室里,通过婚姻家庭咨询师和社工的专业辅导,越来越多的人在金凤凰找到了幸福或摆脱了婚姻危机。2016年3月20

至 21 日，第六届全国婚介企业发展论坛在刘金的主导和主持下在深圳盛大召开，来自全国 20 多个省市自治区的品牌婚恋机构欢聚鹏城，共同探讨婚恋市场的现状和前景。众多代表对金凤凰的企业文化和品牌建设留下了极其深刻的美好印象，对金凤凰的"三不换"理念与连续七年获得诚信经营荣誉称号钦佩不已。尤为令人称道的是，因为刘金本人的人格魅力，论坛首次邀请到北、上、广、深的婚庆协会领导齐聚论坛，他们分别是中社联婚姻文化联合会监事会主席张燕平先生、上海市婚庆行业协会会长曹仲华先生、广东省婚庆行业协会常务副会长兼秘书长林雪吟女士、珠海市婚庆行业协会会长赫九宇先生、全国婚纱摄影基地联盟会长涂小刚先生，他们一致高度评价了金凤凰所取得的骄人业绩和作为全国婚庆行业的榜样作用。北、上、广、深婚庆巨头在深圳论坛上的共同亮相引起了全国同行们的热切关注，同时也成为 2016 年度的新闻热点之一。

刘金的著作即将公开出版发行了，书中大量的案例和深度研讨使得这本书的阅读快感大为提升。到目前为止，如此丰富和严谨的婚姻专著并不多见，它用事例和数据说话，反复证明这样一个道理：事业上要找对人，婚姻上更要找对人，找对了人幸福就会跟随你的一生。

作为刘金的多年老友和协会同事,我们在工作和生活中已经形成兄妹一样的友好关系,我衷心祝福刘金的事业能更上一层楼,也期盼金凤凰这一金字招牌迎来更大的成功和更大的辉煌。

忝为序。

深圳市婚庆行业协会会长　崔建明

2016 年初夏于深圳

自 序

我为什么要写《好婚姻靠设计》这本书？因为现在的社会离婚率太高，幸福的婚姻太少了，适婚阶段的80后、90后大多又是独生子女，他们恰恰缺乏婚姻生活中所需要的兼容、宽容与包容等因素。

很多人认为一段好的姻缘与命运有关，实际上一份好的婚姻是靠智慧、靠经营、靠设计的。在这本书中，我们所用的案例都是金凤凰平台会员的真实故事，案例的主角有的未婚，有的已婚；有工薪阶层，有企业老板。我期望通过本书中源于生活的真实案例与点评，能够对读者朋友们，尤其是那些准备步入婚姻殿堂的朋友有所帮助。当然，这本书不可能做到尽善尽美，帮助所有人，但是只要它能给大家带来一点启发，就算是完成了我的一个心愿，也是圆了金凤凰婚恋平台的所有义工、社工、志愿者及工作人员一个小小的梦了。

结婚的原因大多因为不舍分离、彼此相爱，而离婚的原因却五花八门。上海一对博士夫妇就因为猪筒骨到底是"砍断"还是"整根"煲汤有营养产生分歧，最终闹到离婚。当然，诸如此类的还有因为橙子切片还是剥着吃、牙膏从上头挤还是从底部挤、上卫生间小便关不关门等鸡毛蒜皮的事情离婚的。事情虽小，可是最终导致的结果却影响了两个人甚至两个家庭的命运。

自序

　　现代生活是快节奏的，而婚姻生活必须要慢下来，我们要慢慢地适应对方的节奏，找到彼此共同的频率。婚姻关系到两个人一生的幸福，一份好婚姻更是会福荫子孙后代。

　　常言道："娶对妻旺九代，嫁错郎重投胎！"一个不幸福的家庭会有好几代人的心酸，期望所有人在走进婚姻的时候都能够找对人。事业的辉煌是一阵子的事情，而幸福的婚姻是一辈子的事情。回想我创办金凤凰婚恋平台的20多年来，从开始我对会员一对一进行辅导，到在全国各地培养金凤凰的专业婚姻咨询师、开办金凤凰婚姻大讲堂，随着互联网的发展，我们在各大门户网站、微信平台上开设金凤凰专栏，专栏阅读量不到一年就突破了1亿。我知道，这些依然不够，因为大家看这些的时候都缺乏系统性，而婚姻是一个非常复杂的系统，要经过系统的学习，书是能够系统表达的一种方式。很多人会抓着一个方法当万能钥匙，这里我们也想给大家一个正确的引导，因此，我选择通过出版图书的方式，全面系统地阐述我们对婚姻的理解，期望可以帮助到更多的人。金凤凰不仅为这个平台上的会员服务，更要为这个社会做出贡献。

　　最后，我衷心地祝福大家，在走进婚姻的时候，找对另外一半。好婚姻，靠设计，婚姻对了，一切都会顺利的！也要感谢深圳文联副主席、中国当代著名作家杨争光先生为本书题写书名。

金凤凰创始人　刘金

2016年6月6日

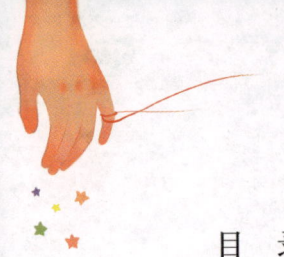

目 录
Contents

第一章 自我认知

01. 清楚自己的优点 /002

02. 找出自己的缺点 /007

03. 规避自己的弱点 /011

04. 做好婚恋规划 /013

05. 设计三条择偶模式 /019

第二章 认知恋爱模式

01. 18 种恋爱类型 /026

02. 恋爱、婚姻的十大误区 /029

第三章
恋爱六部曲

01. 恋爱设计 /066

02. 约会 /072

03. 确定关系 /084

04. 热恋 /091

05. 缠绵 /095

06. 结婚 /097

第四章
婚恋中的爱与痛

01. 失败的恋爱 /100

02. 再婚也能锁定幸福 /107

03. 幸福可以缩小理想与现实的差距 /111

04. 不婚者需三思 /117

05. 丁克族的情与痛 /121

第五章
识破骗局,给爱情加一层防护网

01. 网络相亲、恋爱中的骗局 /126

02. 识别假身份 /137

03. 提防感情骗子 /146

04. 你的幸福最重要 /156

第六章
锻造婚姻

01. 剩女是怎样炼成的 162

02. 剩男的故事 /174

03. 婚姻连接人的三次生命 /180

04. 婚姻需要经营 /187

后 记 /194

附 录 各报刊有关金凤凰的报道 /197

第一章
自我认知

01 清楚自己的优点

兵法中讲究"知己知彼,百战不殆",胜利总是建立在对自己与对方的充分了解和认知之上,掌握了充足的信息,方能知道哪里是自己的薄弱环节,哪里是对方的铜墙铁壁,方能攻守自如,把握好进退的节奏。爱情与婚姻是两个人的"战争",虽然没有输赢之说,但的确有交锋、有博弈、有进退、有妥协。

有人说过,《红楼梦》中的焦大永远不会爱上林妹妹。为什么?在我看来,焦大与林妹妹没有共同之处,二人的生活环境、思想认识、人生际遇、个人追求都不相同,那么在焦大的潜意识中是不会将林妹妹作为婚恋对象来看待的,而林妹妹亦不会考虑与自己没有任何共同语言的焦大。

爱情的发生有着奇妙的因缘际会,其中相当一部分在于我们自己内心深处对另一半的渴求,时间正当好,年纪正合适,而这个人也是对的。怎样在大千世界的千万张面孔中辨别出哪一个人是对的呢?这就需要运用兵法中"知己知彼"的理论了。

想要找到理想中的爱情，首先要对自己有清晰的认识，对自己的性格特点、喜好、厌恶有着全面的把握。 老子说："知人者智，自知者明。"了解别人与了解自己都是智慧，然而了解自己比了解他人要更难。

自我认知是婚恋中的一个重要部分，爱情有时会让人盲目、头脑迟钝，像被人打了一拳一样晕晕的，进行清晰的自我认知，起码可以做一个爱情中的聪明人。

每个人都有自己的优点，这是一个人生活在社会中能够得到他人认可的基础。开朗幽默就能交到许多朋友，学习能力强便会得到他人的赏识，心思细腻者能成精巧之工，胆识过人者能行豪情冲天之事，即使是长相俊美也是一个优点，能给人带来审美上的愉悦之感。

人一定要知道自己的优点是什么。我们都听说过"毛遂自荐"的故事，起初毛遂推荐自己的时候并没有得到认可，因为平原君认为毛遂在自己门下生活三年，有才能的话一定会像锥子扎破口袋一样显露出自己的才能，而毛遂却认为他的自我举荐正是将锥子放进口袋。故事中最重要的部分是什么呢？不是毛遂的自荐，而是他对自己优点的充分认知，他知道自己的才能就像尖锐的锥子一样，只不过没有遇到合适的机会展露出来。清楚自己的能力有多大,到了可以运用的时机和场合,自然不会被埋没。

孔雀之所以美丽是因为它有五彩洒金的尾巴,尾巴展开便是风景。清楚自己的优点就像孔雀了解自己的尾羽一样,因此,在谈恋爱的时候将自己的优点展现给对方,如同孔雀开屏,吸引异性的青睐。但是在金凤凰婚介的会员中,却有不少人真的不知道自己的优点是什么,更别说如孔雀开屏般去吸引他人了。比如我们的一个会员王小姐,她刚到我们金凤凰婚介的时候,我们的张老师接待了她,让她填写了一份登记表,结果张老师发现王小姐的登记表上很多栏目都是空白的,甚至连自己的专长与优点一栏都没有填写。

于是张老师就忍不住问王小姐:"你的优点一栏怎么都没有填写啊?"王小姐说:"我也不知道自己有什么优点,感觉自己哪里都不如别人,找不出来什么优点。我离婚的时候,前夫说我一无是处。所以,我现在不知道自己有什么优点。"

张老师说:"优点跟别人无关,每个人都有优点。你觉得自己有爱心吗?"

王小姐说:"当然有啊,我很有爱心的。"

张老师又问:"你会做家务吗?"

王小姐说:"当然会啊,我喜欢把自己的家里打扫得干干净净,然后放上一曲轻音乐。"

张老师笑着说:"这些不都是你的优点吗?"

王小姐说:"啊,这些都是吗?那我还有很多这样的优点啊,我会做很多菜,我跟老人和孩子都相处得特别好,我喜欢小动物,喜欢帮助身边的人……"

很多人因为被家人否定,被过去的爱人否定,被朋友或者客户否定,便失去了自信,认为自己什么都不行,什么优点都没有,时间长了会变得越来越自卑,越来越害怕与外界接触,严重者甚至会抑郁,形成心理疾病。因此,生活中我们要学会认识自己,找出自己的优点,将自己潜藏的美好展现出来。在这里我们分享一个简单的方法,大家可以一起来练习。

围绕年龄、性格、爱好、学历、资产等方面,列出自己跟一般人相比所具有的优势,用简单的语言描述清楚。例如:

A年龄30岁,思想比较成熟;

B爱好音乐,有优雅的气质;

C学历是大专,谦虚、好学;

……

对于精神层面的优点要多加以发掘，让自己拥有更多的亮点，更能够吸引他人。例如王小姐的优势是：

A 有爱心，懂得关爱老人和小孩；

B 有孝心，经常看望父母，为父母做一些事情等；

C 温柔，有女人的柔情似水；

D 善良，对每个人都好，不伤害他人，不伤害小动物；

……

不要活在别人的眼光里，更不要把自己活成别人的盗版。我们每个人都有优点，都有自己独特的美好，甚至可以说我们每个人都可以成为另一个人心中的王或者王后。但首先我们要学会认识自己，学会发现自己的优点，并且把自己的优点一一记录下来，最好还能够背下来，当我们与他人交往的时候，自信地展现出来，同时，以适当的方式提示对方，让对方印象深刻。

> **好婚姻语录**
>
> 想要找到理想中的爱情，首先要对自己有清晰的认识，对自己的性格特点、喜好与厌恶有着全面的把握。

02 找出自己的缺点

与优点一样，一个人的缺点是完整人格的组成部分，每个人都无法规避。缺点并不可怕，它的存在是为了提醒我们，自己还有许多不足，还有很多地方需要改进，一切都有可能变得更加圆满。缺点是可以改正的，找出自己的缺点，分析它、改正它，我们会变得越来越完美。

每隔一段时间，便可以把自己的缺点罗列一遍，罗列之后给自己做功课，想办法改正。在接下来的日子里，有意识地提醒自己、克制自己，待21天后新的习惯养成，再回头看，曾经的缺点已经不复存在，那么这个原本紧紧跟随你的劣势，再也无法对你构成任何威胁。

比如，你没有时间观念，与对象约会的时候总是不守时，那么就试着每次约定好时间后给自己设置一个闹铃提醒，强迫自己比对方早到10分钟左右。当对方看到你的进步时一定会非常欣喜，这对于你来说是鼓励，也会有一种成就感。快乐的心情得以持续，久而久之再约会时便不会迟到了。

在金凤凰企业内部，我们经常会用列举缺点的方法做员工内训，让员工把自己的优缺点和同事的优缺点写出来，我们戏称为"剥皮会"。基本上公司中的每个人每个季度都要被"剥一次皮"。这样的方法有着显而易见的好处：随着时间的推移，每个人能列出来的缺点越来越少，对他人的缺点感受也越来越少。因为是工作需要，大家相互"剥皮"从不留情面，但也从未伤及感情，反而每个人都会为找出自己的缺点感到高兴，因为找出一个新的缺点便意味着又可以获得一次进步。

婚恋中也是如此，找出自己的缺点，慢慢改进自我，这是一个加分项，少一个缺点就等于增添了一分魅力。

人无完人，不必要求自己完美，但要善于修正自我。如果自我感觉良好，任由缺点变大、蔓延，得到的往往是他人的反感。如果实在不忍心对自己下手，可以找朋友、同事、上司，找到熟悉你的人，让他们帮你列出你身上的缺点。

垃圾桶长期得不到清理，里面堆积的废旧物就会腐烂、发臭，改正自己的缺点正如定期清理垃圾，让自身保持清洁、干净。

怎样找出自己的缺点呢？这里也介绍一个简单的方法，让大家来具体操作。

第一章
自我认知

围绕年龄、性格、爱好、学历、资产等方面，列出自己跟一般人相比所欠缺的，用简单的语言描述清楚。例如：

A 不讲卫生；

B 不会做家务；

C 喜欢较真；

……

对应每个缺点，需要做出详细的改正计划，如下表 1-1 所示。

序号	缺点项目	改正计划
A	不讲卫生	
B	不会做家务	
C	喜欢较真	
……	……	……

表（1-1）

好婚姻语录 婚恋中也是如此，找出自己的缺点，慢慢改进自己，这是一个加分项，少一个缺点就等于增添了一分魅力。

第一章
自我认知

 / 规避自己的弱点

如果可以划分等级，一个人的弱点是比缺点更加明显的特质。缺点有时候无伤大雅，即便有，也不会影响到对一个人大方向的判断，但是弱点，有时候却是致命的。

序号	弱点	规避计划
A	木讷	如果我们木讷，那么请将这个弱点转化成"好脾气，思维有深度"。
B	贪心，对金钱永远也没有满足的时候	人人都有贪欲，重要的是如何控制我们的心，在尘世中修好自己的心，控制自己的欲望。
C	喜欢美女，总喜欢盯着美女看	爱美之心，人皆有之；窈窕淑女，君子好逑。关键在于是否拥有一颗君子之心。
……	……	……

表1-2 弱点与规避计划

弱点一般指人性中的缺陷，比如贪婪。贪心可能每个人都会有，但是一旦转变成贪婪便不可控制。贪恋钱财、贪慕美色，迟早会毁掉自己的前程。如果遇到这样的恋爱对象，你会选择他吗？因此，我们要学会自我剖析，分析自己是否存在弱点，规避弱点，不要陷入其中不可自拔，如表1-2所示。

我们在面对弱点时，通常需要修行、修心才能慢慢地改变。刻意地掩饰只是一阵子的事情，不仅迟早会暴露出来，还会变本加厉。只有通过在生活中修行，逐渐削弱其影响，才能找回真正的自己。

好婚姻语录　　缺点有时候无伤大雅，即便有，也不会影响到对一个人大方向的判断，但是弱点，有时候却是致命的。

04 做好婚恋规划

有人喜欢下棋，有人喜欢观战，瓜棚豆架之下、马路街道旁边，两个人摆开阵仗，对弈厮杀。新手往往有一个特点，目光紧紧盯着棋子，看着自己的兵马将帅被对方挨个吃掉，头上汗珠密布却无能为力，被对方牵着鼻子走却没有丝毫反击的余地；但是高手往往神情淡然，轻而易举就能让对手片甲不留。

为什么会这样呢？因为新手眼中看到的只有棋子，只有眼下的一两步，而高手目光所及是整盘棋局，落子的瞬间早已谋篇布局、成竹在胸。

人生就是一盘棋局，如果只顾眼下，当新的状况层出不穷的时候便会焦头烂额，毫无招架之力，只有拥有长远的目光与谋略，才能在迈出第一步的时候就已经决胜千里之外。如果人生没有计划、没有目标、没有步骤，也许这一生就浑浑噩噩、糊里糊涂地过去了。我们上学时要按部就班，工作时要有职场规划，同样，爱情与婚姻也要有规则，细致地规划、谨慎地对待才能沿着幸福的阶梯拾级而上。

金凤凰团队有这样一个口号：娶错妻衰九代，嫁错郎重投胎。

男人娶进家门的不仅仅是妻子，也是父母的儿媳、将来孩子的母亲。妻子的性格、品质、学识影响着她的言行举止，影响着她与你相处的模式，影响着她对待公婆的态度，影响着她教育孩子的方式……总之，她辐射、影响整个家族。

娶对妻子可以兴旺九代，哪九代呢？其实就是男人的父亲、祖父和曾祖父，这属于上三代；男人自己、他的儿子和孙子，是中三代，孙子后面的三代就是下三代，总共九代。比如我是由祖母带大的，如今我教育儿子会用到祖母的智慧，将来我可能还会用同样的智慧去教育孙子，而我的孙辈亦会影响他们的子孙，如此，就惠及了九代人！

第一章
自我认知

女人出嫁，便是将自己今后的幸福悉数交给了一个男人。一个女人原本是父母心中的小公主、掌上的明珠，如今却要脱离家庭，融入一个陌生的环境，面对一群不熟悉的人，她的恐惧与担忧可想而知。如果这个男人不值得托付，这个女人后半生的日子便会像噩梦一样无比煎熬。

新加坡的开国元首李光耀先生和他的夫人柯玉芝是一对很好的榜样。他们年轻时在英国相识，一度是学业上的竞争对手，后来慢慢互生情愫，二人的感情炙热而坚贞，虽然注册婚姻之时瞒着双方的父母，但是一牵手却是一个甲子（60年）的时间。几十年的风风雨雨，两个人相互砥砺、携手并肩。对于丈夫的工作，柯玉芝用自己律师的专业素养给予帮助，教育孩子也花费了很大心思，为了让他们健康成长，她从未在家中营造出一丝总理府邸的感觉。柯玉芝是李光耀的"镇静剂"，她总能在他怒火中烧之时稳住他的情绪，而她常年生病，也只有丈夫的照顾才能让她感到舒适。柯玉芝去世的时候，李光耀两次向妻子吻别，令无数人为之动容。柯玉芝造就了李氏家族在新加坡的传奇，父子两代人成为新加坡的总理，更成就了世界上的一段佳话：娶妻当娶柯玉芝，兴家旺族不是梦！

这对"男神"和"女神"对自己子女的教育宽严相济，而他们子女们的成就，我们也有目共睹。婚姻牵涉的不仅是两个人，还有家族、后代。康熙皇帝在挑选继承人的时候犹豫了良久，皇子们暗中争宠夺权，没有谁能让他非常满意，于是他便向孙辈寻觅，乾隆天资聪颖，是他最得意的皇孙，如此，皇位才传给当时的雍亲王，即乾隆皇帝弘历的生父。

孩子是婚姻的礼物，是家庭的开心果与黏合剂，夫妻关系的不和谐会给孩子带来巨大的伤痛和阴影，问题少年和自闭症少年大多是失败婚姻的产物。

家是心灵的港湾，是情感的寄托之处，工作繁忙劳碌，家就是一个让心灵能够歇息、补充能量的地方。失败的婚姻带来的家庭氛围是压抑的、寒冷的，长时间积郁，负能量不断增长，如何追求幸福？

我有位香港的朋友，是他所在行业协会的发起人，家大业大，产业做到了国外，他对儿子的教育一直非常开明，尊重儿子的想法、做法，唯独在选择儿媳这一件事情上极为严苛。他说一个好的儿媳能给家族带来兴旺，后代能否继续创造商业奇迹，很大的因素就在于母亲的教育。

我曾经还遇到过一位江苏的企业家，他是做养老产业的，在中国算是起步很早的，他特别有商业头脑，眼光独到而长远。当他得知我是金凤凰婚恋机构的创始人后，便与我聊起了他儿子的婚姻问题。他

第一章
自我认知

对儿子婚姻的态度比较宽松，觉得婚姻是孩子自己的人生大事，应该由儿子自己做主，但是他作为一个白手起家的成功企业家，自然希望将来儿孙能够继承并壮大家业。当我跟他讲找一位好儿媳的重要性，如果儿子没有选对妻子，再怎么努力，恐怕后代也无法完成他的心愿和家族使命时，他说，的确如此，如果娶回一个贪恋钱财、品德不端、挥霍无度的女人，再多的财富也会败掉！

恋爱是一种奇妙的感觉，两个人心灵互通，相互痴迷。但是恋爱也应该有着理性的成分，知道双方哪里匹配，哪里合适，了解对方的脾性，是否值得将自己的人生幸福交付到对方的手上。

你是什么样的人，你希望找一位什么样的伴侣共度余生，对方是否符合你的择偶标准，你要为结婚做什么样的准备，婚后的生活如何安排……这些都是除却风花雪月的浪漫之外必须要考虑和规划的事情，也是影响今后发展与幸福的关键。

在我们用专业的测评分析工具为大家测试时，发现单身的人有些对自己都不够了解，更别说自己找什么样的才合适，他们很多问题都还没有思考过，这就意味着他们是在拿婚姻做一场赌注，都想着自己能够赌赢。可是，凭什么能够赢呢？凭自己的运气吗？这样能够赢的概率不到1%，即使现在感觉很合适，也不能说明将来还合适。中国那

么多离婚的夫妻，但是几乎每一对离婚的夫妻在结婚的时候都是为幸福、美好而牵手，都是想白头偕老、相伴一辈子的。而那些来婚介所找对象的人，也要清楚自己不是来找凑合的人，而是要找对的人结婚的！婚姻对了，一切就都顺了。

好婚姻语录	金凤凰有这样一个口号：娶错妻衰九代，嫁错郎重投胎。

05 设计三条择偶模式

择偶条件是婚恋规划中最为重要的部分，因为你要清楚自己的特点、喜好，知道哪里是自己的优势，哪里是短板，要知道自己心中的期待与现实的落差，哪些人是自己喜欢的，而哪些人是真正适合自己的。

我们通过举例来说明，假设一个白领女青年，大专学历，身高160厘米，月薪6000元左右，年龄26岁。这比较符合大众的标准，我们身边也应该有很多这样的女士。如果你是她，你期望找一个什么样的男士做未来的老公呢？

第一种：理想型阶级目标，需要自己不断蜕变、成长才能与之相匹配的对象。

你可能选择A男，学历是本科、硕士研究生或者博士研究生，身高在170—180厘米之间，年龄在28到40岁之间，有房有车，自己开公司，或为公司高管，原生家庭条件优越。这样的男性属于优绩股，好多女生都盯着，选择他意味着你的竞争对手也很多。

第二种：实际阶级目标，与自己的条件相接近。

你也可能选择 B 男，学历是大专或大专以上，身高在 165—175 厘米之间，年龄在 28 到 40 岁之间，有能力购房、供房或父母可以帮忙凑钱付首付，这样的男性属于潜力股。

第三种：走心型，结婚率高、落地性强，适合剩女。

你抑或选择C男，学历不是重要的，身高和年龄也不是决定因素，这个人可能是对女方温柔体贴、责任心比较强，很爱她，包容心强，与女方价值观相同，但是经济条件普通。有很多人选择C男也过上了很幸福的生活。不过不要与别人做过多的比较，譬如姐夫是企业家、妹夫是官二代等。婚姻就像鞋子，合不合适只有自己的脚知道。

如果你喜欢A类型的男士，从他的学历、形象、经济、原生家庭的条件来说，可以猜想到他的标准会相对较高。那么他喜欢哪种类型的女人呢？也就是说你的潜在竞争对手是什么样的人呢？

可能是甲类女士，一个身高和你差不多，学历比你高，经济收入不错，家产也比较丰厚的人，她可能还是海归派，这是父母眼中门当户对的类型。当然这样的女孩家境优越，通常一路的发展也比较顺利，不免会有大小姐脾气，甚至会有公主病，这是这种类型女孩共有的缺点。

A类男性还是比较喜欢甲类女士的，因为她能力强，头脑比较理性，与他也有共同语言。不过在恋爱过程中她的缺点也容易暴露，一点不顺心的事情就可能导致关系破裂，所以往往热恋快，分手也快。

现在的80后、90后很多都是独生子女，要求A类型的男士和与之门当户对的甲类女士相互迁就是基本上不可能的，所以此类型的伴侣比较容易同居，但是要结婚、相处一辈子的话，要改掉自己的缺点后才会成功。

再来看，你没有甲类女士那么优越，没有学历和原生家庭背景等方面的优势，应该打出什么优势牌才能够出奇制胜呢？

第一，利用自己温柔可人的特质，像邻家小妹妹一样与A类男人相处，先不要急于把他定位成追求的对象。这样自己的优点放大了，跟他相处的时候就会很平等、自然。

第二，坚持，多一些耐心，给他充分的时间和空间。可能他是在父母的压力下去相亲，过程中会碰到各方面都很优秀的女孩子，当他被那些优秀女孩子的公主病或大小姐脾气挫伤后，看准机会出手。此时是男人情感最脆弱的时候，他会找自己的异性朋友来倾诉，你以倾听者的身份来听他的倾诉，你们的情感便会在这时慢慢升温。男人也很敏感、脆弱，需要慰藉、体贴，温柔的女性走进了他的心里，便不会再轻易走出来了。

金凤凰有一个很经典的案例：一个叫若兰的打工妹，只有初中文化水平。有次聚会，她喜欢上了一位优秀的华侨。这位华侨是一个高级公务员，有房有车，家庭背景也很好。若兰知道自己和他的差距，所以只是和他作为朋友相处，时常陪伴他的左右，却一直没有捅破那层纸。有一次华侨男失恋后，找到若兰倾诉，他才发现若兰的温柔贤惠、善解人意早已深藏在他的心中，最后两个人成了一对甜蜜的恋人。

想找到这种优质股的男士，首先要不断学习，扩展自己的视野与知识，锻炼自己的能力，不断成长，保留自己的优点，并且学会展现它们给自己加分。其实人一辈子要不断经历从不优秀慢慢到优秀的过程，这是每个人成长所必经的道路。将自己的道路拓宽，选择另一半的范围与条件也会随之拓宽。

若 A 类型男士是你的理想伴侣，那么 B 类型男士在你择偶的选项里便属于中等条件的伴侣。我们看一下 B 类型男士的条件，他的经济负担不太重，属于潜力股。当然他也是优秀的，属于择偶里面落地性比较强的一种。

你首先要列清楚自己择偶的条件，假设见了10个A类型的男士，只有一两个回复你，与其耗时间等待，不如选择B类型的男士。或许B类型的男士有5个回复你，在相处中你会增加自己的自信，也会增加恋爱成功的概率。

第三种选择就是寻找价值观相同、能够互相吸引的男士作为主攻对象。

假如见了10个B类型的男士，也只有一两个回复你，这就说明你自身的条件并没有达到与之相当的高度，这个时候就要适度降低自己的标准，或者努力提升自己了。你的成长空间还很大，慢慢弥补自己的不足，便能赢得对方的青睐。

如果你的确把握不了B类型的男士，只有走第三条路，C类型的男士也是一个非常好的选择。

当你选择C类型的男士的时候，就不要挑剔身高、学历、相貌这些外在的条件，因为你是奔着灵魂与精神的匹配去找合适的恋爱对象，需要考虑的更多的是他的内在。他可能对你温柔体贴、非常有责任心、很爱你，这也是一种幸福。

人生本来就是不完美的，如果你渴望找一个完美的人，肯定会失望而归。反观自身,你是否做到了完美呢?如果没有,那么就随着自己的心走吧。在培养自己异性缘的时候,也许你渴望 A 类型的男士,但也要给自己选择 B 类型男士的机会,同时也要记得给 C 类型男士机会。

在心理学中,同频的人相互之间最具吸引力,找到一位能够与你进行精神上的交流、能读懂你的人,你的人生会不幸福吗?其实幸福并非靠房子、车子这些物质条件来满足,心灵的契合、情感的投缘更加重要。钱可以两个人慢慢挣,可是合适的人却不一定随时都可以遇到。

选择C类型男士内心不用那么累,可以随心一点,生活是自己过的,不是为了和别人比较。中国人的婚姻之所以那么累,就是有太多的比较,这点可以学学西方人。我们有一个名人说过,婚姻就像是鞋,鞋穿得舒不舒服只有脚知道,那么婚姻幸不幸福只有你知道,不必在意他人的眼光。

好婚姻语录　　人生本来就是不完美的,如果你渴望找一个完美的人,肯定会失望而归。

第二章
认知恋爱模式

18 种恋爱类型

这里讲的 18 种恋爱的模式其实就是人的特质，你可以对照表 2-1 来认知自己具备哪些特征，表格内的特点都是正向的，与之相反便是一个人的负面特质。对照比较自己有哪些不足，才知道如何去克服、改正。

你也可以看一看你的恋人属于哪种类型，因为对彼此的透彻了解，是和谐相处的前提。你们在谈恋爱的时候可以以此为标准进行测试，这样双方的优点、缺陷都明了清晰，交往的时候才知道如何扬长避短。

比如第 14 种特征，喜欢求新变异的冒险家型。TA 具备说走就走的随性、无所畏惧的勇气，这样的人比较自我，内心有一个精彩丰盈的个人世界。TA 随性洒脱，不喜欢别人黏着 TA，更不喜欢别人给 TA 安排生活中的步骤与细节，TA 善于打破常规，不容易被条条框框束缚。

如果你喜欢的对象是这种类型的，那么你必须要有独立的经济来

第二章 认知恋爱模式

序号	类型名称	个性特征
1	知性特质的哲学家型	敏感，随和，理想化，有使命感
2	灵性特质的作家型	安静，执着，有同情心，善于倾听，喜欢阅读和写作
3	理性特质的教师型	开朗，高效，重感情，善于沟通，乐于助人
4	一板一眼的学者型	安静，随和，理性，爱观察，善于分析和钻研
5	实事求是的专家型	冷静，目标导向，意志坚强，实事求是，追求自我成长
6	推陈出新的发明家型	精力旺盛，创意不断，善于沟通，强于思辨，独立性强
7	外刚内柔的领袖型	权威，爱控制，要求高，进取心强，善于沟通
8	令人依赖的照顾者型	细致，体贴，有同情心，乐于助人，责任感强
9	冒险特质的记者型	开朗，有活力，爱交际，好奇心强，喜欢被肯定
10	按部就班的公务员型	务实，责任感强，忠诚，冷静，重视规则
11	善于照顾人的主人型	开朗，主动，精力旺盛，家庭观念强，善于照顾他人
12	卓越领导式的将军型	责任感强，威严，不拘小节，计划性强，保护欲强
13	浪漫另类的艺术家型	安静，随和，敏锐，细致，追求完美
14	求新变异的冒险家型	勇敢，随性，独立，重视个人空间，喜欢尝试和挑战
15	引人注目的表演者型	积极，乐观，精力旺盛，渴望成为焦点
16	魅力四射的挑战者型	开朗，爱控制，善于沟通，追求变化，行动力强
17	羞涩随和的IT型	温和，安静，宅家，善于倾听，不易冲突
18	稳重体贴的老好人型	热心肠，喜欢帮助别人，顾家，家庭责任感强

表 2-1 18 种恋爱类型

源、独立的社交和人脉圈，生活不能以TA为重心，要有自己的精彩。为什么？因为在TA的世界里，你并非全部，且有一块土地你无法踏足。如果你的精力全部放到TA的身上，难免会感觉自己被冷落、不受重视，久而久之，感情会出现裂痕。与这类性格的人恋爱、结婚，类似于西方AA制夫妻，两个人分别有自己的爱好、事业，经济各自独立，精神相互支撑，其实也可以非常幸福。喜欢黏人、依赖人、很小女人的女性最好不要找这种类型的男人做恋人。

　　婚姻的幸福是一辈子的事，选择伴侣需要慎重，也需要讲究技巧和方法。测试你的恋爱模式，从爱情的起点就注意避免不必要的矛盾与冲突，以免导致分手，使爱情走向伤心。

　　如果看完以上这些，你还是不懂运用，可以向金凤凰的婚姻情感咨询师寻求帮助，也可以来到金凤凰婚姻学院学习。在这里你可以体验与本书理念完美结合的真实模拟课。

> **好婚姻语录**
>
> 你们在谈恋爱的时候可以以此为标准进行测试，这样双方的优点、缺陷都明了清晰，交往的时候才知道如何扬长避短。

恋爱、婚姻的十大误区

误区一：等待真正适合你的人

《圣经》中讲，上帝在创造人的时候，首先创造了一个男人，取名亚当，后来觉得亚当一个人生活在伊甸园中孤单寂寞，于是在他熟睡之时，用他的一根肋骨创造了女人，取名夏娃。

听起来浪漫温馨的神话故事，令多少人相信世界上总有那么一个人，形状、质地刚好与自己缺失的那部分相吻合，男人苦苦寻找自己的肋骨，女人希望回到原本属于自己的身体。天造地设、相生相随，这些美丽的词语，让对爱情充满幻想与期待的人们执拗地认为，只要自己肯等，真正适合自己的人一定会出现。

可是你真的知道什么样的人适合自己吗？也许你所设想的"适合"，只不过是自己内心标准的一种抽象概括而已，你渴望"白马王子"或"白雪公主"，渴望几乎近于完美的人穿过森林、大海和拥挤的人群来到你身边，可是 TA 来了，就一定是来寻找你的吗？

遇到一个完全符合自己想象和标准的人，并且能够与之在各个方面相互契合，本身就像中彩票一样难得，否则为什么世界上会有那么多看似幸福美满的爱情、婚姻，最后的结局却让人唏嘘、感叹呢？

当你被动地等待着最佳人选出现的时候，无意间就会忽视周围众多"候选人"的优点。岁月流逝，蹉跎的只有自己的青春和热情。其实适合你的人并不一定完完全全符合你的想象，所谓的合适，只不过是进行有目标的选择，只要大的方向对，小的细节便无伤大雅。

金凤凰的男性会员当中有一位郑先生，香港籍，博士后学位，是香港教育界非常有名的一位教授。同时他又极善理财投资，金凤凰的会员很多都家底深厚，但他所拥有的房产应该是所有会员中最多的。曾经有一个来自深圳的女会员见到郑先生，第一句话便是："哇！这是我的房东。"

我与郑先生相识多年，因为改革开放初期国家急需外汇，国商大厦这第一栋商品写字楼只允许外籍人士购买，他便拥有其中十多套房产。他同时经营酒店、酒吧、物业等生意，在香港的地产圈子中十分有名。我们香港金凤凰所在的办公楼上就有他的物业。

郑先生的成功毋庸置疑，但遗憾的是，他至今都没有结婚，地产圈里的人有时会聊起他：无妻、无儿、无女、无家，这么多的产业，将来驾鹤西去,都要贡献给政府了。

郑先生 20 年前便参加相亲了,他对女方的身高、相貌、学历、出身、经济状况没有什么要求,唯一的条件是必须与他八字相符。

在择偶的时候他对我们说,他不要求对方的学历、身高、经济、出身,但是必须八字与他相符。香港人将算生辰八字称为"合婚",他自己对周易八卦也很精通,懂得算别人的生辰八字。

当时我给他介绍了一位姓占的女士,粤籍,离异,皮肤白皙、身材丰腴,带着一个女儿,帮弟弟料理一些事情,性格脾气非常好,属于会持家的女士。郑先生算过属相、八字后发现刘女士与他非常吻合,对她的好感有目共睹。但是当时刘女士遇到了另外一位追求者,潮籍,丧偶,在香港经营珠宝生意,比郑先生年轻、个子高、形象好,刘女士与这位潮籍的追求者交往半年时间,便结婚了。

郑先生那段时间挺郁闷,像是受到了打击,毕竟这是按照算命配婚来说第一个让他中意的女士。后来的许多年他自己一直在寻觅,我们也帮他介绍,有喜欢他的女士,但是却不合婚;或者合婚很好,对方却不喜欢他。总之因为八字合婚和种种顾虑,年龄越来越大的郑先生一直未能如愿成家。

我一直劝他,建议他不要太在意属相八字,但是他坚信,让他满意的对象一定会出现。这么多年过去了,他还是一直在等待,在寻找符合自己属相八字的另一半。

幸福不是等出来的,爱你和你爱的人单单靠等待不一定会出现。

等待是一个消极的行为，属于负能量，你有中彩票的运，但从不购买，钱会砸在头上吗？等待，消耗掉的是自己的年华，太过执着，未必是一件好事。

误区二：只有当我感到完全满意时，我才结婚

与爱人相处，什么样的状态才叫完全满意？什么时候才能完全满意？

想要每个细节都尽善尽美，完全符合自己的期待，其实是一种恐婚的表现，生怕哪一点没有达到内心的标准会破坏幸福感，会让婚姻陷入不可掌控的恐慌之中。在终身大事上认真思考，谨慎选择当然是必要的，但是如果前怕狼后怕虎，或一味选择逃避就不正常了，克服对结婚的畏惧是走向幸福的第一步，况且两个人的生活会使双方更加成熟、对生活更有信心。

当你满意对方的时候，对方对你是否也很满意呢？若不是，那就变成了一厢情愿。况且你很满意的人也会被别人喜欢，竞争对手还可能会相当强大。恐婚族本身内心就是自卑的，这其中有自身的原因，也有来自原生家庭的影响。幸福的婚姻是相互赞美、相互嘉许、互相包容并共同成长的，不必等到万事俱备。想要追求自己的幸福，就要勇敢一些，学会用智慧来慢慢经营，恐惧的心理会随着时间慢慢克服，一切都会好起来的。

金凤凰团队中有一位张老师，为人热心和善，帮助许多会员搭线成功，是个名副其实的知心大姐姐。但是很多年前的张老师并不是这样的，在我第一次见到她的时候，她紧张、忐忑，很不自信。

张老师与前夫离异，独自带着一对儿女，来相亲的时候都将一对儿女带在身边。她前夫是广东人，离婚后她们母子三人辗转到了广东深圳。张老师说起自己的经历便非常伤心，说一个离婚的女人，带着两个孩子，很难再嫁出去。

我们不便说什么，只能在心里感叹她的遭遇。一个男人可以找各种借口甩掉发妻，可以说她没生出儿子，也可以说别的，自己不想负责任，就把压力全部推给女人。

张老师是一个贤惠的女子，她的一对儿女甜美可爱，乖巧懂事，可是他们的生活却非常艰辛，在这样的情况之下，如果想要开始一段新的婚姻，就要丢掉以前的一切，重新开始。而重启婚姻，对于女人来说无异于重新投胎，因为要摆脱过去的悲伤和阴影，浴火重生。

关于这一点，张老师心中其实充满了焦虑，她需要顾及的事情很多，对方能不能接受自己的过去？能不能好好对待自己的孩子？会不会遇

第二章
认知恋爱模式

到渣男？尤其是孩子，对于张老师最为重要的就是她的儿女们，她必须要考虑孩子的未来，所以对方不仅要接受她，还要接受她的孩子。

根据她的条件，我们陆续给她介绍了几个人，可是她都不是很满意。后来我们介绍了一位来自香港的张先生，两个人都比较中意对方，他们慢慢熟络后联系频繁起来。张先生虽然也很喜欢张老师的两个宝贝，但是他希望婚后能生一个属于他们两个人的孩子。张老师有些担心，急匆匆打电话给我："张先生希望再生一个孩子，我已经有两个孩子了，如果将来他变心了，我的负担又会加重。"她不敢接受张先生，很大原因就是他想让她生孩子。

我便劝她："你不用有太多的顾虑，对自己要有信心，你是个很有魅力的女人，用自己的爱去征服他，他如果真的爱你，自然会把你的孩子当作他的亲生骨肉对待。但前提是你不能有嫁给他就是为了让他帮你养孩子的想法，要首先想一想，张先生这样一个好品质的男人，自己怎样去把握住。带着儿女再嫁的女人在找男人时首先看重的是品质！"

其实张老师自身有着很大的优势，她温柔、善良，有爱心、不强势，非常善解人意，很会持家，做饭的手艺一流。但是这些并不够，女人一定要自立，要有自己的事业，精神与物质的支柱都应该是自己。无论一个男人多爱你，能够给你提供多少物质方面的东西，都不能把希望完全寄托在这个男人身上，女人要有自己值得骄傲的资本，要活出自己的价值和精彩，否则即使嫁出去，以后可能还会被老公嫌弃而离婚。

我的想法是，张老师需要一段时间，慢慢地，从失败的婚姻的阴影中走出来。为什么中国的女性离婚之后很难再收获圆满幸福的婚姻？就是因为她们很难从上一次失败的婚姻中走出来，缺乏自信，对男人充满了怨恨。

第二章
认知恋爱模式

张老师是个付出型的人,在第一段婚姻中完全尽到了一个妻子的责任,到头来却受到了巨大的伤害。婚姻不幸,没有一个好的结果的确令人伤心难过,但是不能因此而感到绝望、怀疑自己、怀疑人生。那个造成你婚姻不幸的人,不过是来度你的人,陪你走过一段人生,教你成长。佛学中一个重要的智慧便是放下,放下伤痛,走出阴影,才能获得重生。

狂风暴雨过后是缤纷绚烂的彩虹,污泥深处长出的是美丽的莲花,风雨是彩虹的度者,污泥是莲花的度者。我们的人生也是如此,一个人来度你,此后你的生命便可以焕发出最耀眼的光芒。

心理学中有一种"吸引力法则",是说一个人内心是什么样,就会吸引什么样的人来到身边。我们自身存在着特定的磁场,与我们磁场相应、相合的人,自然会聚拢过来。而对于一个女人来说,

把自己经营成女皇,自然吸引来帝王;

把自己经营成公主,自然吸引来王子;

把自己经营成美女,自然吸引来英雄;

把自己经营成妖精,自然吸引来流氓。

所以想要获得美好的爱情、幸福的婚姻，首先要修炼自己。张老师是个细致认真的人，做事用心、努力，态度和执行力都非常好。我的建议她听进去了，几番斟酌之后她便落地去行动，并且做足了应有的功课。

张先生起初期望寻找一个没有结过婚的女人，他期望有自己的小孩，但是张老师的优点让他十分动心，也时常用兄长般的关怀照顾她，看到张老师带着两个乖巧可爱的宝贝时，他更加爱意满满，在不知不觉中改变了自己的择偶观：为什么一定要找一个没有结婚的呢，找一个能与自己两情相悦的人共度幸福人生岂不是更好？

很快两个人便进入了热恋阶段，更加值得高兴的是，张老师的两个宝贝慢慢从之前父母失败的婚姻走了出来，变得活泼起来。张老师沉浸在幸福之中，人也变得十分乐观，经常学习情感和心理学知识，不仅将自己的婚姻经营得幸福美满，而且还成为金凤凰婚姻学院优雅知性的心理咨询师，帮助了很多公司会员，帮他们牵桥搭线、策划求婚、设计相处之道。前一段时间她更是代表金凤凰参加了香港凤凰卫视现场直播节目。婚姻的蜕变让她浴火重生！

再婚不可怕！扩大自己的社交圈子，或者寻找正规、专业的婚介机构，幸福离你并不遥远。金凤凰婚恋机构经过20年的努力，已经是众机构中的佼佼者。

误区三：千方百计考验对方

如果我们要买一辆汽车，就要反复试驾，检验车子各个方面的性能是否达标，是否符合自己的驾驶习惯。但是，寻找配偶却不能像买汽车那样，虽然考验必不可少，但是反复的考察也会给对方带来折磨，造成一种不信任之感，会破坏两个人的感情基础。等到对方不堪忍受之时，便会离你而去。

信任是爱情的最佳防护网，也是婚姻的基石。爱一个人是需要力量的，当你对一个人心生怀疑的时候，便已经失去了这种伟大坚贞的力量。容易猜忌、不肯相信爱人的人，即使恋爱很顺利，待到走进婚姻殿堂之后，也会遭遇许多不幸。因此，我们必须克服自己内心的不安全感，只要你全心全意爱着对方，TA又如何会不爱你呢？

力的作用是相互的，你不信任自己的爱人，不仅自己时刻处于紧张焦虑之中，对方也会感到十分疲惫，这种爱情就像被戴上了枷锁，每走一步，脚步都会格外沉重。从另一个角度来讲，在你考验对方的同时，自己又是否能够经得起对方的考验呢？

误区四：我要找一个完美的人

俗话说"金无足赤，人无完人"，世界上没有十全十美的人，你想追求一个完美的人，最终只能收获无限的失望！两个人在一起，难免会因为彼此的缺点磕磕碰碰，但这也是婚姻的一部分，也是两个人生活的乐趣所在。

金凤凰有一位会员叶小姐，个人条件和家庭条件都非常好，香港大学毕业，人长得很漂亮，身材苗条、五官精致，在一家国企任中层领导，收入丰厚，身边一直不乏追求者。

叶小姐大学时期谈过几场恋爱，因为自身条件的出众、生活环境的顺遂，她性格稍微强势一些，与恋人相处时也是如此，很少像普通的小女生一样温柔撒娇，与恋人起了争执也甚少妥协。几年下来，她没有任何一段感情能够维持到步入婚姻的殿堂。

毕业之后她将自己的大部分精力都投入了工作之中，只谈了两场恋爱，最后都是不了了之。她来到金凤凰之后，说自己想找一位港台或深圳的男士，当然最好是香港的。她喜欢去五星级的酒店见面，有一次我们给她介绍了一位年轻的男士，这位男士想约她去星巴克见面，被她拒绝了，她说自己不喜欢像星巴克那种场所，不上档次、人又多。这位美女在接下来的相亲中因为各种莫名其妙的甚至有些奇葩的理

第二章
认知恋爱模式

由拒绝了很多人,有两个人因为 QQ、微信的头像太花哨而遭到否定,还有一次她见了一个理工男,仅仅因为对方穿衣的颜色而拒绝与他进一步交往……

　　说好听一些她是比较注重男士的细节与品位,但是实际上就是太过挑剔,对完美的要求到了近乎苛刻的地步。可想而知,这样一个事无巨细都要挑剔一番的女性,一般的男性对她肯定是敬而远之的,就算一开始有一些好感,相处时间久了,心里也总会不舒服。在爱人面前本应该是一种轻松的、愉悦的状态,每天朝夕相对还要绷紧神经,时刻注意自己哪里做得不好、不对,这样活得太累了。

　　谁也不是圣人,不是神,即便是美玉,也可能存在小小的瑕疵,盯着这个小瑕疵不放,便会忽略掉它全部的优点,这无异于丢了西瓜拣芝麻。

叶小姐在不断相亲之后变得很疲累,为此我与她深谈过几次,以半是谈心半是情感辅导的形式,最后找到了她的症结所在,慢慢地解开了她的心结,转变了她原本根深蒂固的思想。改变之后的叶小姐整个人轻松开朗了许多。

误区五：只要我尽了最大的努力,我的婚姻一定会幸福

我们时常会用这样一句话劝人：努力了不一定会成功,但是成功一定要付出努力！因为原生家庭(父母及他生长的环境与背景)的问题,以及情感被伤害的阴影,必须要找专业婚姻家庭咨询师做疏导。若不处理这些问题,即使走进了婚姻殿堂也是白搭的。

婚姻是两个人的事,一个人也担不起婚姻幸福美满的责任,如果你是一个人在尽这样的义务,很快就会感到精疲力竭、委屈伤心。

不要无视另一半的存在,把 TA 当作透明的。也不要一股脑地闷声为对方付出,却不抬头看看对方是否接收到了相应的信号,也不要将对方的爱意照单全收,却不肯给予丝毫回馈。婚姻不是一个人的事,家是共同体,在婚姻里要学会包容、沟通,尊重自己的伴侣。

我曾经接触过一位会员王小姐,她贤惠、顾家,是一个奉献型的女人。她身材高挑、苗条,皮肤白皙,厨艺好,会绣花,一双灵

第二章
认知恋爱模式

巧的手把家里布置得非常温馨，想必这样类型的姑娘是许多男人梦寐以求的结婚对象。

可就是这样好的一个女人，他的老公却一心想跟她离婚。王小姐来我这里进行情感咨询，让我一度既迷茫又气愤：这个男人的眼睛是不是瞎了？但是在长时间相处、沟通的过程中，我发现了一个问题：她的婚姻处于无我的状态。

什么是无我状态？比如，她做出的美味佳肴，经常是她的女儿跟老公吃得精光，而她自己只在旁边看着，最后只能凑合着看还有什么剩菜，或者干脆直接拿两个馒头来吃。类似的情景经常在她家中上演，女儿和老公习以为常，已经接受了这种显然并不正常的相处模式，既不感到愧疚，也不心生感激。每个人的付出都要得到尊重和肯定，一个妻子、一位母亲，不能被当作空气或者保姆的角色。

一个人无论有多么充沛的爱心，如果一直得不到回应，内心的爱总有一天会被掏空。女人首先要学会爱自己，在成为别人的妻子、母亲之前，首先是独立、完整的人，为了家人而隐忍，这不是爱，而是一种羁绊。如果连自己都不爱，别人又如何会尊重你、爱你呢？

中国的传统思想与文化总是要求女性不求回报地付出，在古代，女人活着时要冠上丈夫的姓氏，死后墓碑上连自己的名字都不写。

中国的女人不善于表达自己的情感需求，活得比较压抑，这也是中国大多数婚姻中的通病：缺乏沟通，不敢表达。表达出自己的情感需求并不可耻，索取爱也不是自私的表现，告诉丈夫、家人，你需要他们的爱，需要被关怀，给他们一个照顾你的机会、一个付出的机会。每个人都为家庭付出一分力量，家庭才是幸福的、和谐的。

　　我在生活中便比较注重这一点，我在家通常也会下厨，但是我会告诉先生和孩子，要等我忙完后一起吃饭，不能自己先动筷子，吃完饭后他们要收拾桌子、洗碗、打扫卫生。先生与孩子也乐意这

么做,一是看我辛苦,二是如果不照做,以后谁来给他们做好吃的呢?(我们潮汕女人和客家女人在家里通常属无我的状态,属于奉献型,我母辈的女性亲属都属于这种类型。)

误区六:先同居,试婚,必须提高婚姻的可靠性

"如果试婚成功,那么以后的婚姻生活一定会很幸福",这种想法只是一种幻想。婚前住在一起,可能会有更多的时间相互了解,但促使同居的动力,多半来自性的需求,与白头偕老并无多大关系。从现实情况来看,试过数年的婚姻,仍有很多最终没有走到一起,如今,试而不婚者更为常见。

婚姻带给人的是憧憬和期盼,过早试婚甚至同居,往往只经过短暂的快乐,便会迎来磨合期。

不论试婚还是同居,都不能把它们当作婚姻的试金石,也绝对没有结婚本身来得真诚可靠。谈恋爱的最终目的是结婚,否则都是玩弄感情、耍流氓的行为。别小看那张结婚证书,那是一个誓言和爱的承诺,更是一种愿意和对方终生厮守的责任、共同兴家旺族的使命。

误区七：如果我们有真正的爱情，婚姻就一定成功

这种见解是不可靠的，爱情虽然美好，但婚姻中仅仅有爱情是不够的，共同度过一生，还需要比爱情更崇高也更实在的东西，如责任、道德、良心，如共同的兴趣，再如相互适应、容忍的能力，等等。

南宋著名诗人陆游和他的妻子唐婉从小青梅竹马，婚后更是恩爱无比。年轻的陆游流连于温柔乡中，根本无暇顾及其他，母亲希望他考取功名，可是他早已将功名利禄抛在了脑后，于是专横威严的母亲一怒之下强迫陆游休掉了妻子。在今天看来，陆游母亲的行为有些不可理喻，但是在古代，夫妻过于恩爱的确可以作为休妻的原因，因为将精力全部投入缠绵悱恻的爱情之上会耽误许多其他的事情。

两个人太过相爱，婚姻生活会很累。因为你们很相爱，所以会特别在乎对方的一举一动、一言一语。有爱情做基础的婚姻肯定比别的组合来得幸福，但是生活中仅仅有爱情是不够的，还要面对柴米油盐、面对堆积的脏衣服、面对凌乱的房间。

爱情是两个人的事，但婚姻却是两个家族的组合，处在婚姻中要顾及很多东西，要处理很多琐事。身在爱情里可以随心所欲，但是在婚姻中却不可以。有句话说，相爱容易相处难，这是我们大多数人

第二章
认知恋爱模式

生活的真实写照。

王菲和李亚鹏的婚姻就是最典型的有真正的爱情却不是好婚姻。他们彼此之间开始是很相爱的，直到离婚的时候，彼此对对方依旧是有很多爱的，只是爱对方归爱对方，但他们都知道彼此内心的需求不同，所走的不是同一条道，所以，最后只能选择彼此成全对方，希望对方都找到自己想要的幸福。大家依然是好朋友，都在为对方祝福，但是，婚姻已经结束了。现实的生活当中还有很多类似王菲和李亚鹏这样的伴侣，他们虽然都有真正的爱情，也都依然还爱着对方，但是，最后都选择了成全对方，结束自己的婚姻。我想，一个婚姻的解体，无论是因为怎样的原因解体的，应该都算不上是成功吧。所以，要想有一份成功的婚姻，要想长久幸福，不是只有真正的爱情就够的。

下面是金凤凰的一位会员的来信，在信中，她讲述了自己真实故事。

你的出现，让我明白，在对的时间遇到对的人，只要彼此互相包容、理解、依赖，只要两个人一条心，就会幸福！

2008年7月，你我在金凤凰婚介相识，你给我的第一感觉便是憨厚。你话虽然不多，但是每一句都深深地烙在了我的脑海，特别是那一句"我没有很多钱,买不了豪宅给你,也买不了名车给你,但是我可以照顾你一辈子,保证你衣食无忧,和你一起照顾两个孩子"让我感动至今。你说我给你的感觉是很简单,单纯得像张白纸,柔弱得让人心疼,看着我单薄的身躯就想照顾我和孩子们一辈子。

人们常说,婚姻就像米饭,如果第一碗不好吃,第二碗更不可能会好吃。曾离过婚的我,满怀恐惧,对未来感到彷徨,但如今回想起这几年与你一路走来的点点滴滴,除了满满的幸福,就只剩下快乐了。

感谢你,给孩子们带来了一个完整的家和快乐的童年。记得你和我说过,家是温暖且温馨的,是充电的地方,每个假期都应该是家庭日,放下工作,放下烦恼,享受家庭的快乐,这是维持和增进感情的方法。

重组家庭面临的最大问题就是孩子。记得我们结合那年大妹十三岁,刚好是青少年的叛逆期,面对你,她连叔叔都没有喊过一句,但你从未批评过她半句,一直用你的包容心去引导和感化她。一句"爹地吃饭了"让你足足等了大半年,从这声"爹地"中我们都听出了她对你的认可,对你的信任,她从内心深处对你的真正接受。这么多年来你一直陪伴着她的成长,一路引导,帮她分析人生该走的路,

第二章
认知恋爱模式

最终，使她从一个内向胆小、自卑的小女孩变成了一个有担当、自信、能持家的干练少女，我和大妹一样，都十分感恩你的付出。

小妹的调皮总是让我束手无策，但你一出面总能成功化解。学校每次举办亲子日你都会出席，无一遗漏，让孩子感受到了满满的父爱。小妹感冒发烧，你比我还紧张，无微不至地照顾她，痊愈回学校后你还不时给老师打电话，询问她的情况。别人总是羡慕我们一家人的和睦温馨，只有我知道，你这样一位丈夫、一个父亲，为这个家庭付出了多少心血和爱意。

你总是把我当小孩子，百般疼爱照顾，我在工作中遇到烦恼时，你便耐心地听我诉苦，帮我分析问题所在，化解我的忧愁；家庭中有了摩擦矛盾，你总是笑呵呵地听我发完牢骚，然后耐心地引导我从牛角尖里走出来。

我是个路痴，从不记路，总是依赖导航，一次从广州开车回来，在高速公路上迷了路，着急地给你电话求救，明明是自己的原因，可是我跟你说话的态度却非常差，一肚子火气几乎全部撒在了你的头上。你始终保持着冷静，让我不要着急，先把车停到紧急带，详细地告诉你路况和地址，然后一步一步引导着我，我花了3.5个小时才回到深圳。见面的那一刻，你不但没有责备我，还搂着我的肩膀说：

"回来就好。"那一刻的温暖,将我路上的恐惧不安,将我莫名的火气和委屈瞬间驱散得干干净净。

你的出现,让我放下了上一段婚姻带来的刻骨伤痛;你的陪伴,让我觉得生活并没有那么灰暗可怕。这么多年来你传递给我的是永远阳光和积极面对生活的态度。你经常和我说,能解决的事不必烦恼,解决不了的事烦恼也没有用。在你的熏陶下,我感觉到了自己缓缓地提升,内心也变得强大了。在你的关爱面前,"感谢"两个字总是变得苍白无力,七年了,相知相伴的七年,相守相望的七年,我们的爱在继续,我们的幸福在继续,接下来的每一年、每一天,有你,我什么都不怕。

——手记

"七年之痒"一般是指婚姻到了第七年可能会因爱情或婚姻生活的平淡,感到无聊乏味,很多人认为七年之痒是一道坎,难以跨越。其实婚姻的本质便是激情过后的柴米油盐,少了几分葡萄酒的甘醇,却多了几分白开水的平淡。

七年,一定会痒吗?可能会。如果花费了七年时间,双方都认定这是场错误的婚姻,继续生活下去只会对彼此和孩子造成伤害,在这种情况下,不如放手,给自己也给对方一次重新洗牌、再来一次的机

第二章
认知恋爱模式

会。最重要的是要认清自己,倾听自己心底的声音,思考自己真正想要的到底是什么,自己想过的到底是什么样的生活,认清了,笃定了,便可以勇敢放手。

其实只要夫妻双方爱心长存,相濡以沫,时时、处处、事事互相关心爱护,加强交流沟通,互相理解,七年只不过是一个数字而已,无所谓"痒"或"不痒"。日常生活中肯花费一些小心思进行一些创新,制造一些浪漫,不断地增添新意,这样夫妻之间的关系便能常温常新,为婚姻与生活注入新的生机和活力。

路还很长,仅仅相爱了一个七年,哪里够呢?

误区八：如果我找一个与我完全相反的人，我们的婚姻生活一定丰富多彩

两个性格、喜好有鲜明反差的人，起初相互之间是非常有吸引力的，但是随着时间的推移，矛盾冲突也会暴露无遗，因此，不要刻意去追求一个性格相反的人，最好是找一个能够在重要问题上与你想法一致，在行动上也能相互配合的人。

找一个性格跟自己完全互补的人和找与自己性格一致的人相比，会产生更强大的创造力和成就，但这样的爱情与婚姻有一个前提，那就是"兼容"。幸福的婚姻一定是彼此能够兼容，无论你的系统是1.0还是5.0，你们的软件都能相互匹配，如此，在重大问题上两个人才可以相互配合，行动一致。

我们有一个男性会员李先生，祖籍四川，为人忠厚、脾气很好，属于暖男类型。他是深圳狮子会的会长，又是一名脊椎矫正医师，而且在这个领域称得上是权威专家。他热爱慈善，乐于奉献，是个有爱心的企业家。

他有一个女儿，自己却是个未婚爸爸，因为谈恋爱时未婚先孕，孩子由他来抚养。其实无论是过去还是现在，在大陆未婚便有子女的人多多少少都会遭受他人的非议。在给他介绍对象的时候，很多女士

第二章
认知恋爱模式

得知他的情况,再加上他并非深圳户口,在最初阶段便避而远之了。

后来我对他说:"大陆不亮,香港可能亮。大陆找不到合适的,帮你介绍一个香港的可以吗?"他答应之后,我就把阿芳介绍给他了。

阿芳是我在香港金凤凰婚介接待的会员,是典型的香港"三高女":收入高,学历高,个子高。她会多种语言,普通话、粤语、潮州话、英语、法语、日语等,以前在外资企业做秘书,在成为金凤凰的会员之前,她交往过的男朋友都是外国人。但是她的原生家庭中,祖母是潮州人,祖父是潮汕籍的香港人,在中国保留传统最多的便是潮州和客家两个地方。在这样的家庭和文化背景之下,阿芳的骨子里是非常传统的,她与西方人恋爱,很难相处得来。

我对阿芳说:"既然西方不亮,咱就东方亮吧!"我劝她尝试一下找大陆的男性,其实在10多年前,香港女人找大陆男人是很少见的。聊天时我了解到,她姨妈在深圳开了一家公司,她有时候也会来深圳,对大陆年轻人的思想、想法等各方面印象都挺不错。

于是我先后介绍了三位优秀男士给她认识,第一个是李先生,第二个是香港某上市企业的副总,是一个帅气的华侨,第三个是某家国企的老总。

从经济条件上来说,李先生在三位之中稍微差一些,不过李先生的年龄和阿芳很接近，两个人有很多共同话题。我问阿芳觉得这三个男人哪个比较合适，她说第一个，我又回访了一下三个男士，也只有李先生对阿芳的印象是最好的。之后在李先生的浪漫追求下，他们开始了恋爱关系。

有一天，李先生突然来找我，说阿芳对他没意思，是他一厢情愿。因为每次都是他打电话，阿芳从来没有主动给他打过电话，感觉她对两个人的恋爱不太热情，冷冰冰的。

其实阿芳对李先生的印象很好，只不过她的性格内向，不善于表达。李先生每次约她，她都会精心准备，但就是提不起勇气主动联系他。两个人一个慷慨热情，一个羞涩腼腆，难免会形成一种情绪上的落差。

于是我对阿芳说："当别人生起了一团火，你就要往里添柴呀，不然很容易熄灭的。谈恋爱就像一堆柴遇到火，要让自己燃烧起来。为什么你那么优秀还是单身？不是没人追你，是你的冷静和你的矜持让男人不敢靠近你。"

阿芳是慢热型的人，即便喜欢也不敢去追求。在我的劝导之下，她慢慢认识到了自己的问题，之后与李先生的互动积极、频繁了许多。

他们热恋中出现的问题其实挺多的，待人接物、社会价值观各方面都在慢慢磨合之后才有了共识与默契。

第二章
认知恋爱模式

例如，有一天阿芳告诉我，她很纠结，周边的朋友、同事都不看好他们之间的恋情。闺蜜对她说，大陆人和香港人结婚都是为了香港的身份证，而不是真心找老婆，小心不要被别人利用了。在朋友们的警告之下，阿芳一度有些胆怯，对李先生也有了防备心，开始怀疑这段感情。我对阿芳说，不要把人想得那么复杂，自己要有主见，要学会分析。李先生在慈善界做了很多好事，是一个很有名的人。

她自己暗中观察，发现的确如此，便放下心来。可是不久，她提出了一个让李先生觉得不可思议的建议：试婚一年。这个消息是李先生告诉我的，他的言辞有些急切："我跟她试婚，岂不是占了她的便宜吗？我不是这种人！"面对他的辩白，我听出了弦外之音，他的潜台词是：这个女人是不是有点随便啊？

我告诉他，以阿芳原生家庭的背景，她肯定不是很随便的女人，试婚说明她很看重自己的婚姻。因为他们的背景是内地和香港的婚姻，磨合程度要比其他婚姻多一些，而且阿芳在西方接受教育，他们的婚姻是跨地域、跨文化的，所以阿芳肯定有过慎重的考虑。

在试婚七个月之后，他们提前结束试婚之约，结婚了。

婚后，他们经常找我聊天，李先生还是喜欢穿中山装、唐装，而阿芳希望他能穿牛仔裤、衬衣等。穿过唐装的人都知道，穿久了这种

宽松舒适的衣服，换上紧绷绷的牛仔裤会很不舒服。反之，李先生期望阿芳穿旗袍和高跟鞋。

我对他们说："你们别瞎折腾了，尽快生两个孩子去培养吧！"

婚后的第二年，他们就有了幸福爱情的结晶，至今一家生活得甜蜜幸福。

误区九：听天由命，终会成功

站在地面上等，无论等多久，天上都不会掉下馅饼的。

第二章
认知恋爱模式

寻找伴侣就是在寻找一生的幸福，不是投机，也不是赌博，可能需要一些运气，但运气绝对无法给人幸福。恋爱，还是要采取积极主动的态度，可以参加各种活动，多结识朋友，在友谊的基础上发展爱情，整天闷在家里，是不会有意中人来敲你的门的。

听天由命是一种消极的思想，而很消极的人会错过好运气。人要开朗、积极、乐观，如果整天死气沉沉、毫无活力，时间长了，身边的人都会离你远去，爱情更不会降临在你的头上。

天上掉下馅饼的事情往往出现在小说或电视剧里：一见钟情。

一见钟情会发生在什么年龄段的人身上呢？可能是情窦初开的时候，也可能是20多岁想成家的时候，当然也有一辈子没有对别人一见钟情的人。

那么一见钟情真的会幸福吗？会有好结果吗？

金凤凰曾经有一个女会员夕文，40岁，离异，身高168厘米，身材苗条、举止优雅，是一家银行的高管，虽然已过不惑之年，但是走在路上时的回头率很高。我们给她介绍了很多男会员，她都不满意，最后我们给她介绍了一位华侨，这位华侨比她大6岁，英俊潇洒、魁梧挺拔，而且有着丰富的人生阅历，谈吐也很不凡。

她对我们说，见到这位华侨的时候她心跳加速、脸色绯红，认为这或许就是一见钟情。那位华侨对她也很有好感，两个人快速进入了热恋，当时我们都觉得很快就会传来他们结婚的喜讯了，却没想到仅仅两个月后，两个人就分手了，因为价值观不同。

如果两个人刚刚 20 岁出头，可塑性较强，即使价值观不同，但相处久了也可以相互磨合、慢慢改变。中年人的婚姻就不同了，他们思维及人生观基本上已经定型，是很难改变的。

分手之后，她重调整了从前苛刻的择偶条件。后来我们帮她介绍了一个比她大 7 岁的男士，这个男士长得不帅，也不浪漫，个子和她差不多高，不过这个男士有智慧，也有责任心。相比起一见钟情的华侨，对待这次恋爱，她更加珍惜。她在慢慢交往中发现，这个男士真的能读懂她，感情真挚又专一。她说这段婚姻让她浴火重生，双方都有了新的成长。

一见钟情可能就是在那一刹那的感觉，就像悬浮在半空的尘埃，没有根基，也无处归属。

人一定要能够读懂自己，在择偶的过程中，可以适当地做一些自我调整。你遇到的每一个人都能帮助你进一步看清自己，如此才能明白自己内心深处的需求与渴望。有了这样的基础，才能收获幸福的婚姻。

误区十：对方能被我完全改造

想要按照自己的想象与标准彻底改造一个人，这是绝对错误的观念。随着婚姻岁月的推移，双方都会被磨去一些棱角，但是，没有一个人能够完全改变另一个人的意志和本质，越想改造对方，就越会引起对方的反感。当初吸引你的，不正是 TA 的独特之处吗？为什么一定要强迫 TA 做出改变呢？

"江山易改，本性难移"，改变不能一蹴而就，况且没有人会心甘情愿被人完全改造成另外一种模样。就拿男人抽烟来说，他会戒烟，肯定不是妻子要求戒就能戒掉的，而是自己的内心被爱感悟后，才有恒心和毅力戒掉。

想改造对方是无知的想法，这种想法只会给两个人徒增烦恼。

前几年，我参加了一个绘画沙龙。美术老师讲完要点以后，让我们一分钟之内画出一幅画，大部分的人在一分钟之内就把画交了，但是有一位美女却迟迟未交，继续在自己的画稿上涂抹，她的妆容很精致，着装也非常优雅，全身都是名牌。

当老师发现还有一个人没有交画的时候，便让大家都等一下，而这位女士旁若无人，继续绘画，过了大约 15 分钟，直到她对她画的画满意之后，才把画交上。

我看过她的画,很美,花费了更多的精力,自然质量更高。在老师点评大家的画之前,我就对老师旁边的助教说:"这个女人肯定是单身。"助教很惊讶:"你怎么知道她是单身呢?"

我说:"这个女士在大多数男人心目中是漂亮而优雅的,高挑的身材、精致的五官、得体的妆容、漂亮的衣着,很能吸引男士的目光。"

助教说:"对啊,她长得那么漂亮,你为什么说她是单身呢?"

"她完全不顾及大家的感受,一个人画让全班等着,活在一个自我的世界里,所以她肯定是没有走进婚姻的。因为走进婚姻之后,她的很多棱角就会被磨掉,变得圆润一些,言谈举止也会顾及他人的情绪。全班30多个人都把画交了,只有她一个人在那里画,她的性格应该是孤芳自赏型,因为她自我感觉很优秀,特别追求完美,而她觉得一般的男人配不上她,所以一直未婚。"

助教更惊讶了:"对,她的确是单身,但是很少有人相信她是单身的。"

我问:"她大概有30岁出头吧?"

助教说:"具体年龄不清楚,反正已经老大不小了。"

我走到这位美女身边说:"你的画蛮漂亮的。"她简单地说了句"谢谢"。

于是我便与她闲聊起来,从中我得知她是做金融行业的,接触的客户都很优秀,有很多是上市企业的老板。

"接触了这么多优秀的人,为什么没有给自己找一个呢?"

她有些低落地说:"一般的人我看不上,我是很难喜欢上一个人的……"

其实,深圳有很多这种类型的女性,比如很多老总、银行行长的秘书,他们接触的人都很高端,眼光被抬高了,却始终找不到一个适合自己的人。

在深圳还有一些伪单身的老板,他们在外面包养情妇,耗费掉女性的青春,而这些女性最后却得不到任何名分,等到年老色衰,

便被抛弃了。这种女性在寻找另一半的时候，往往还是按照和她在一起的老板的标准去选择，对于一般的男性感到失望。而曾经承诺给她婚姻的老板玩弄了她的感情，她便因此对男人产生仇恨的心理，觉得这个世界上男人都是渣男！

我比较害怕碰到这种类型的女人，因为她们是按照情人的标准去选择老公，提出很多苛刻的条件。男人分得清情人和老婆的区别，情人可以正当青春，可以爱玩、爱闹，而老婆必须要勤俭持家、相夫教子。男人出去玩的时候可能会被漂亮的、开放的女性吸引，却不会娶和他玩得很嗨的女士为妻。

金凤凰针对男性做过一项调查：一个特别漂亮的女士，跟你发生过关系，你会娶她吗？89%的男士的答案是否定的。有人在亚洲相对比较开放的香港也做过类似的测试，否定的比例也高达85%。根据结果我们可以看出，漂亮不是男人找老婆的唯一标准，除此之外，还要具备很多其他特质。

金凤凰还有一个从事舞蹈行业的美女会员，入会时28岁，长得很漂亮。她认识了一个在香港白手起家的老板，经济条件优越，可是热恋了两个月之后他们分手了。

为什么当初被大家看好的恋情最后会以分手告终？仅仅因为她

过生日时想让男朋友送给她一款拎包。这个老板本来爽快地答应了，但是当看到四万多的标价时便劝她买一个价位在一万以下的，这个四万多的包质量、款式和一万左右的差不多，拎包非但不能增值，隔三岔五还要保养，而且女性一般要有好几个包。女孩听了很不开心，觉得这个男人不爱她，而男方通过买包这件事情，发现她不是一个可以持家的媳妇，最后两人便分手了。

这个美女在接下来的相亲中，一直没有碰到比那个香港的老板更有钱、更舍得为她花钱的人。三四年后她依然单身，可自己的青春却在渐渐消失。

人应该懂得换位思考，站在对方的角度想问题。做恋人的时候，对方可能会给你买很多礼物，但是要作为未来的老婆，你需要帮他持家。上面所讲的案例中那个男士是一个白手起家的老板，虽然不缺钱，但是知道每分钱都来之不易。他娶一位妻子是要和自己共同奋斗，他的妻子要会持家、相夫教子，而如此挥霍、不讲道理的女性对他的事业没有任何帮助。

这个美女利用了一般女人的常用招数，在谈恋爱的时候检验对方是否肯为自己付出，最大的付出限度是多大。其实这样的小心机完全是在给自己埋下隐患，用金钱来衡量情感非常不可取，也许在你看来四万元对于事业有成的男士来说不算什么，但是他也可能通过这笔钱来衡量你是否适合做一位妻子。爱情的确需要一些事情的考验，但是用错了标准，便是浪费了自己的青春。

好婚姻语录　　男人分得清情人和老婆的区别，情人可以正当青春，可以爱玩、爱闹，而老婆必须要勤俭持家、相夫教子。

爱情是人类情感中一种极为奇妙的感觉，它可以来得很快，四目相对便点燃了爱情的火花，像一道闪电，猛然间照亮了深沉的夜空；它也可以走得很慢，失恋后令人伤心欲绝、难以忘怀。

爱情的发展，也要经历一个或迅速或缓慢的过程，缱绻的爱意，牵引着两个人从未曾相识，直至一步一步走向婚姻的殿堂。

如果进行大致的归纳，恋爱可以划分成六个步骤：恋爱设计、约会、确定关系、热恋、缠绵、结婚。

爱情本身是一种流动性的情感和情绪，它或许很难被掌控，但是其实爱情发展的每一个步骤都可以进行有目的、有意识的规划，让爱情之路的每个细节都充满温馨和浪漫，在甜蜜的氛围之中修成正果。

恋爱，你准备好了吗？

外壳坚硬、肉质柔软的水蚌在其生长过程中慢慢分泌珍珠质，层层包裹形成颗粒浑圆的珍珠。人的爱情也是如此，慢慢溢出的情感将

第三章
恋爱六部曲

生活包裹起来，形成一颗颗晶莹圆润的珍珠，闪烁着温润细腻的光芒。恋爱设计，则是将这些珍珠按照某种蓝图串联起来，使其不再散乱，成为一件精致的手链、项链、工艺品。

本书的第一章和第二章中已经对恋爱设计进行了较为详细的描述，包括进行自我认知，确定择偶条件，进行恋爱规划，对恋爱对象的性格特点进行分析，等等。其实恋爱设计并不复杂，无非就是尽可能全方位地认清自己，继而在寻找恋人的时候有较为明确的目的和方向，在两个人相处的时候做到除了你侬我侬的热情之外，还有对未来的理智把握，对幸福人生的认真规划。

恋爱能够让人成长，而恋爱设计是在这一成长过程中必不可少的环节，婚姻的前路未知，只有有了清晰的规划，才能尽量避免在头脑发热的时候走弯路、走错路。

金凤凰曾经接待过一个姓郑的女士，她来入会的时候已经26岁，但是却从来没有谈过恋爱，感情世界一片空白，就像一个不谙世事的十来岁的小孩子。

几番接触之后，我便断定郑女士一定是从小在父母的呵护之下长大，情感上对父母过于依赖，导致在爱情这一方面开化比较晚，对爱情的认识也相当欠缺。郑女士在事业单位工作，成长过程也比较顺风

顺水，从上学到工作，一直在父母的视线范围内、在父母的怀抱之中，这就导致虽然她有自己独立的经济来源、有一定的主见，却一直未能脱离自己的原生家庭。她来进行婚介相亲，曾经将父母带来与我见面，显然她在恋爱这个问题上自己拿不定主意，非常在意父母的意见。

像郑女士这样的女性很容易成为剩女，因为她们的心智还接近小孩子，虽然年龄增长，但是心理年龄依旧比较小，容易耽误最佳的恋爱、结婚年龄。这样的孩子会十分依赖父母对她的包容、溺爱、无微不至的照顾，眷恋那种轻松的家庭氛围，所以内心深处也会有一种抵触长大的情绪。

像这种孩子，一定要在走进婚姻之前学会跟父母脱离开来。可以自己在外面租房住，也可以与同龄的朋友一起居住，总之要与父母分开，让自己的感情世界变得丰富，学会独立、成长。在父母的臂弯之中做娇娇女，与做别人的女朋友、妻子是完全不同的概念和体验，想要以后顺利地走进婚姻家庭，就需要同原生家庭进行生活与情感的剥离，这个"剥离"并非斩断和父母的一切联系，而是学会自己照顾自己，追求自己的生活，追求自己的感情。

我们给郑女士介绍了一位军官，两个人相处的时候就出现了问题。军官觉得郑女士的一些想法、做法都比较幼稚，两个人很难在思想和情感上进行较为深入的交流与沟通："她像一张白纸，非常单纯，一眼就能看透，让人忍不住疼惜，可是她有时候太透明了，我的情感落到她身上既不能被吸收，也不会被反射，很多时候都是没有回应。她读不懂我，似乎也并不愿意读懂我。"

就这样，郑女士和这个军官不痛不痒地交往了一年，年底的时候我问郑女士的父亲："您的女儿和军官交往一年了，应该有个好的结果了吧。"可是她父亲却告诉我，直到我询问，他连军官的面都没有见过呢。

这个时候我才知道，两个人的感情像白开水一样，凉不透却也热不起来，谁也没有突破，没有迈出更大的一步。正如军官向我反馈的，郑女士参加相亲很大一部分原因是父母觉得她到了该谈恋爱、结婚的年纪，可是她对自己的生活与爱情却没有清晰的规划，只好盲目地听从父母的安排，有人给介绍了，也许是不知道如何拒绝，也许是根本没有走心，很难与对方进行情感上的互动。那位军官有些无奈地对我说："我想她可能根本没有任何心理准备，对爱情没有太大的感觉，对结婚这样的大事也比较抗拒，所以我没有太多的热情去追求她。"

其实军官对郑女士的印象不错，所以不想错过让自己心动的女孩，但是郑女士情感太过空白，以至于他不知道郑女士对恋爱的态度、期待、规划是什么样的，也不知道她是否愿意走进婚姻殿堂，所以两个人一直胶着着，感情不咸不淡，既没有进展，也没有直白地拒绝和分手。

郑女士就是一个典型的缺乏恋爱设计的女孩，她习惯了悠闲的生活，恋爱之中也一直信马由缰地往前走，对爱情、婚姻的认识不够充分，既无法享受恋爱的美好，也不能承担爱恋中与婚姻中的责任。

郑女士并不觉得自己的生活有什么不妥之处："我现在挺好的呀，为什么要找老公，找老公就意味着要跟一个陌生人相处，还要照顾公公婆婆，想想就恐怖。之后还要生孩子，我还不想生孩子，我现在感觉自己很幸福，特别满意现在的生活状态。"

像郑女士这样依赖父母，不肯独立的人，看似生活快乐简单，实则是缺乏自己的追求，没有一个明确的人生方向，对自己的恋爱、婚姻、未来毫无规划，不愿打破现有的状态，走进新的环境，不愿与他人组成新的家庭。

恋爱、婚姻是自己的事情，没有谁能跟随你一辈子，也没有人能永远活在简单的生活之中。人总要学会成长，学会自己去面对自己的情感、生活，学会自己追寻幸福、把握幸福。幸福的前提便是要做好充分的准备，做好细致的规划，等到爱情来临的时候，一切都会顺其自然、水到渠成。

> **好婚姻语录**
>
> 恋爱能够让人成长，而恋爱设计是在这一成长过程中必不可少的环节，婚姻的前路未知，只有有了清晰的规划，才能尽量避免在头脑发热的时候走弯路、走错路。

 约会

1. 形象包装女士篇

约会中彼此对对方的第一印象极为重要，而在约会中保持良好的形象是对别人的一种尊重。

爱美是女人的天性，尤其到了约会的时候，相信大多数女性不用他人提醒，自然会以自己最佳的形象、妆容示人，在这里我仅仅给出几个小贴士，提醒广大爱美的女士注意，展现出最美的自己，一举赢得对方的心。

就衣着来说，应该穿得大方、得体。约会是一件郑重其事的事情，如果双方经由他人介绍，那么这个介绍人一定对双方都比较熟悉，肯定会挑拣双方的优点相互介绍，如果你穿得随意邋遢，不仅会给对方留下不好的印象，也会让介绍人心里不舒服，不敢轻易再给你介绍合适的人了。

女性的服饰款式、风格、种类不计其数，挑选适合自己气质、肤

色、身材的服装即可。但是过于暴露的服装不要穿，以免给人轻浮、不庄重之感；褶皱较多的衣服不要穿，因为整个人会显得非常萎靡，没有精神；过于花哨、夸张的衣服不要穿，有时候在约会之初过分张扬个性会适得其反。

要化妆，女性化妆代表对他人的尊敬。适当的妆容也能掩饰掉一些瑕疵，让整个人看上去更有魅力，同时也可以给对方一个信号：你非常重视这场约会。妆容以自然清淡为宜，简单精致最佳，不要浓妆艳抹。浓妆仅适合出席盛大的晚宴，平常化浓妆，一则会给人压迫感和距离感，二来现在的化妆技术神乎其神，坐在你对面的男士可能心中十分忐忑，对你卸妆后的真实模样心中打着鼓。

另外就是一些细节，如发型要清爽干净，做发型就做得简单自然，长发披肩也要打理柔顺；身上的饰品不宜过多，可以做指甲，但不宜太花哨；如果用香水，自然系的比较好，浓郁的香味有时候也是"逼退"追求者的利器。

一个人的着装其实也体现着自己的情商，如果你是身材高挑修长的女性，当得知约会对象身高较矮时，穿一双鞋跟稍微低一些的鞋子就会让整个约会的氛围变得不一样。

服饰、妆容的搭配体现着女性的审美和品位，女士约会要注意自

身的大方得体和清新自然,尽量展现出女性独有的温柔之美,即使气质干练,也不要显得太过咄咄逼人。

若是和外国男士约会的话,最好了解一下这个国家的一些文化。像在中国粉色是女士很喜欢的颜色,但有些国家粉色却是同性恋才穿的,假设你穿粉色去和他约会,他一定会拒绝的。

2. 形象包装男士篇

相比女性出门之前的准备工作,男性可能要简单得多,起码不用在化妆这件事情上花费太多的工夫。

但是不化妆并不代表男性可以不整理自己的仪容，要保持面目的清爽干净。胡子拉碴地就去约会，如果对方胆子小，可能会被吓跑。

虽然并非人人都像贝克汉姆一样英俊帅气、身材挺拔健硕，但是保持干净整洁一定能给对方留下一个好印象。同女性一样，男性的服装也不应该太过花哨，否则会给人一种玩世不恭的随意之感，成为减分项。男士可以穿得休闲一些，但是一定要显得成熟稳重，女孩子找男朋友，自然都希望对方看起来很有男人魅力，踏实、靠谱、沉稳的气质无形之中会让对方增加对你的好感。

其实对于男性来说最为重要的是自信心，得体的衣着、清爽的整体感便会增强自信。出门之前，彻彻底底洗个澡，换上合适的衣服，然后大声对自己说："我已经为寻找一生的真爱，做好了一切准备！"

男士的包装最重要的是找到最好的自己，然后才能打动姑娘的芳心。

3. 社交平台包装

听到"包装"两个字，也许有人会觉得像是在弄虚作假，其实并非如此，"包装"仅仅是有意识地展现出自己最好的一面，塑造一个良好的、立体的形象，或者是有意识、有计划地将自己塑造得更完美。

如今我们的生活已经离不开网络，即使是相亲，两个人在见面之前大多也首先要通过社交平台和软件进行交流，如此一来，QQ、微信、微博等社交平台就成了你与对方初次了解、给对方留下第一印象的地方，相亲约会，两个原本陌生的人走到一起，第一印象的重要程度是不言而喻的。

网络是一个虚拟的世界，尽管有的人会利用这个虚拟空间造假，但是真正想相亲、约会、找到自己生命伴侣的人却可以充分利用这个无限的空间展现自己的优点，展现出自己的品位、个性、思想、能力。

那么空间、微博、朋友圈都可以展示哪些内容呢？

精彩的生活。比如运动、旅行、朋友聚会等，这些都是平常忙碌生活中精彩的、闪闪发光的日子，时常在朋友圈晒这些生活照片的人，生活相对来说较为丰富，给人的印象也是性格开朗、活泼上进。

能够展现自己温柔、体贴、孝顺、有爱心的场景。例如，打扫卫生、下厨做饭、为父母亲人准备礼物、与家人合影……这些生活中温馨又美好的瞬间，对生活本身的感恩和领悟，是最能够引起他人共鸣，打动人心的地方。

展现你的上进心。对工作的体会、总结，对人生的感悟、追求，都是上进心的体现，比如取得心理咨询师的证书，高兴之余便可以晒到朋友圈，与朋友们分享喜悦的同时，也让自己的形象丰满了起来。

展现你的兴趣爱好。 每个人都有自己的爱好，也许是喝茶、下棋，也许是听音乐、看电影，也许是读书写字、欣赏话剧，或者饲养宠物、侍弄花草……无论什么兴趣爱好，都是生活中的调味剂，给自己的生活增添乐趣和精彩，有的爱好发展到一定程度，你甚至会成为相关领域的专家。充实的生活也是吸引对方的一种方式，或许在你专注兴趣的时候，会遇到志同道合之人，有共同语言，爱情或许就会在这样的交流之中悄然萌生。

那么又有哪些内容不适合出现在社交平台之上呢？自然是那些影响形象，会给自己减分的内容。

负能量。 朋友圈中有一种人，总是在抱怨生活的艰辛和不公平，上班迟到了，抱怨道路堵车；买不了心仪的东西，抱怨物价贵、工资低；别人开跑车，语气酸溜溜地说有什么了不起；别人谈恋爱，自己假装受伤自嘲单身狗……还有一种人，从来都看不到事情的美好一面，整天愁眉苦脸、伤春悲秋，花开了伤感要落，树绿了感慨会枯。这种人总是看到生活的消极部分，总是看到社会的黑暗面，整个人流露出来的是一种忧郁伤感的气质，他的生活都是暗色的，仿佛照不进阳光。

负能量的人带给人的大多是负面情绪，别人看了自然会避而远之，不敢与之相交。

转发"达人"。社交平台最方便的地方就是可以转发他人的内容，消息很容易扩散出去。但是这也形成了一个问题，即一些不良的信息也会以极快的速度扩散。现在很多人不喜欢自己发布内容，总是转发一些心灵鸡汤，鸡汤喝一碗无所谓，但是天天喝也会让人厌倦，甚至恶心反感。大量转发各种鸡汤的人其实是自身的思想深度不够，转发越多，越让人觉得浅薄。

还有一种类型的人，喜欢转发一些无聊的内容，诸如"点开震惊你"，或者"不转发死全家"等令人反感的内容。如果你的空间、朋友圈里都是这些没用的垃圾信息，就等于在别人面前关上了想要认识你的大门。

第三种不应该出现的内容是低价值的自拍照，即不能展现自己优点和特长的自拍，发布越多，暴露的缺点就越多，无法成功吸引他人的目光。

另外在通过社交软件相互交流的时候也需要注意一些细节，聊天的内容要保持丰富性和愉悦性，不能单刀直入，直奔相亲、恋爱的主题，这样往往会给人轻浮之感。大多数女性较为内向保守，与她感情发展太快、太剧烈可能会使其受到惊吓，反而从朋友开始慢慢相互了解更容易加深感情。

聊天时也不能总是将物质与金钱放在第一位,这样会给他人留下浅薄、拜金的印象,自然难以得到对方的认同。

4. 搭讪技巧

有的人不相信一见钟情,但是见到某个人总会留下一个印象,心中对 TA 有所揣测。如果这个印象是好感,又怕错过这个人,那么不妨给自己一个机会,走上前去,与 TA 搭讪、交谈,相互认识。

如何与一位有好感的陌生人搭讪呢?可以分为三个步骤:抓注意力、表明来意、信息交换。

第一,抓注意力。首先要礼貌地打招呼,例如"嗨""你好"等,配合得体的肢体语言,如站立的姿势要挺拔,脊背挺直,脸上要保持微笑,不能太冷淡,但也不能太热情。不要靠对方太近,注意说话的音量,太大声会惊吓到对方,太小声对方则容易听不见。女人天性中的温柔让她们在与陌生人搭讪的时候能够获得良好的效果,而男士就一定要注意自己的语言、语气、动作,不要引起女孩子的恐慌和反感。

第二,表明来意。尽量将句子压缩短一些,用简短的话表明自己的来意,时间过长或者表述不清,都会令对方怀疑你的态度与意图。

例如，你可以说"我刚才在那边看到你走过来，觉得很特别，所以跟你打个招呼"，让 TA 了解到，你不是发传单的，不是做销售的，也不是一个神经有问题的人，更不是危险人物，只不过是可能被丘比特射中了心脏。当然也可以借助问路等问题迂回进入自己想说的话题，但是要掌握节奏，不能太唐突。

第三，交换信息。基本信息就是自己叫什么名字，来自哪里，从事什么职业，但是也不能说得太详细、太迅速，要给对方消化信息和做出反应的时间，不要让 TA 觉得你会纠缠 TA。

在与陌生人搭讪的过程中，每一个步骤都要留意对方的表情变化，根据表情可以做适当的言语调整。

当然并非每个人都有机会走在大街上刚巧碰到一个令自己心动的人，但是对于参加过相亲会的单身男女来说，就一定有过与相亲对象搭讪的经历。

大家都抱着同一个目的参加相亲会，那就是在单身群体中寻找属于自己的另一半。在这种目的性较强的搭讪之中，破冰比与陌生人搭讪要简单得多，而且在相亲大会上，主办方也会做一些破冰的游戏，给拘谨的男女双方相互聊天的机会。

相亲会中的搭讪也可分为四步：观察对方的眼神，抓注意力，自

第三章 恋爱六部曲

我介绍，问对问题。

相亲大会的一个特点便是人多，那么在活动一开始的时候就应该进行简单的观察，通过眼神的交流来确定让自己心动的、对自己也有好感的目标，然后通过礼貌的招呼、简单的自我介绍切入话题，这些步骤跟与陌生人搭讪类似。

相亲大会中最为重要的一点便是问对问题。每一个问题当中都带着一定的目的性，都是探寻对方、了解对方的契机，而每一个答案中也隐藏着丰富的信息，让对方进一步了解自己。

在提问的时候，尽量问一些能让对方进行简单描述的问题，如第

一个问题问了：你平常有什么爱好？那么在对方回答之后可以继续追问一些关于爱好的细节。总之，让对方说得越多，你对 TA 的了解就越全面，话题也会越多，能找到的同频之处也就越多，为两个人进一步交流、下一次约会做好铺垫。

除了相亲大会之外，另一种相亲方式便是一对一相亲，多为亲朋好友或婚介所介绍。两个毫不相识的人单独约见，不像相亲大会那样气氛轻松，也不像陌生人搭讪那样戏剧浪漫，一对一相亲中若聊不来，便很有可能陷入尴尬的沉默。

在这种情况之下，要尽量营造一种较为轻松愉悦的氛围，可以从基本的问题入手，慢慢拓宽话题，尽量让自己所说的话题幽默、有趣，同时也要注意给对方说话的机会，进而增进彼此的了解。

相亲中最为忌讳的便是为了相亲而相亲，好像相亲、恋爱、结婚是在完成某种任务。有的人见对方第一面，开口便提自己的条件和要求，比如男性想找一个年轻的、漂亮的、身材好的，女性想找一个帅气的、富有的、高大的，如果对方不符合这些要求就立刻结束走人，不再进行进一步的交流和了解。也有的人在相亲的时候只看到现实，开口就问对方的收入、家庭状况、对经济的要求，如男性问女性结婚想要多少彩礼，女性问男性是否有房有车，等等。这些行为都是不可取的，

第三章
恋爱六部曲

即使是相亲,也并非是将两个独立的人捆绑在一起,并非是一定要接受对方,与对方恋爱、结婚,相亲只不过是多了一个认识异性的机会,即便不成功,也完全可以当作多认识一个朋友,不必弄得双方都不开心。

如果双方都不反感彼此,那么也不必急于确立恋爱关系,两个人先以朋友的身份相处,待到确定对方是自己想要的人之后再进入恋爱的甜蜜阶段。

好婚姻语录

大多数女性较为内向保守,与她感情发展太快、太剧烈可能会使其受到惊吓,反而从朋友开始慢慢相互了解更容易加深感情。

确定关系

对一个人萌生好感可能只是一瞬间的事情,只因为在人群中多看了 TA 一眼,便对 TA 的音容笑貌难以忘怀,眨眼之间,爱情来临,情思牵系,心中的整个世界都开始向 TA 倾斜。

这只是爱情本身带来的感觉,温柔又伤感,美好又浪漫。相恋的两个人,在相互表白、吐露心声之后,便要确立恋爱关系了。确立关系不是简单的相互喜欢、在一起,要知道这个时候 TA 就正式成了你的男朋友或女朋友,今后你们要一起度过很多日子、经历很多事情,如果感情稳定,TA 将是陪你走进婚姻殿堂的那个人。所以,确定恋爱关系是恋爱过程中的一个重要节点,需要认真,也需要慎重。

曾经有一个年轻的富二代,他的母亲是我一位好友的闺蜜,由他母亲带着来找我进行婚恋咨询。他的母亲对我说,这个男孩在情感上有些幼稚,不懂得婚姻对家族的重要性,所以她执意与他一同前来,确保给他找一个好媳妇。

第三章
恋爱六部曲

在她看来，以这个男孩自己的审美与性格找爱人，很容易找一个会毁掉家族的老婆。的确，儿媳妇对于一个家族来说至关重要，正如我在前文中提到的"娶对妻旺九代，娶错妻衰九代"，尤其是家底较厚的家族对此更是非常在意。

在和这个男孩交流的过程中，我发现他的情感真的有些幼稚，选择妻子的标准完全处于这个年龄段男性的内心喜好：丰乳肥臀、大长腿、美丽动人、楚楚可怜。而且，他有着较深的模特和空姐情结，但是对女生的性格、品行并不是太在意，身材和职业最重要。

这个男孩爱玩，很疯狂，但是性格较为懒散，完全没有将家族的事业放在心上，于是他的母亲便希望能找一个约束得住他的人，能够帮助他传承、打理家族企业。

了解完基本情况，我心中有了想法。我告诉这个母亲，在我给男孩介绍女朋友期间先不要过问，给他一点空间和时间，她欣然应允。于是我陆续介绍给他几个家庭背景与他相似，并且懂得管理、会计的女生，但是都没有得到他的认可，他仍然执意找模特或者空姐。

于是根据他的要求，我筛选出几位模特、空姐介绍给他，他选择了其中一位很有女人味的模特，很快便与之确立了恋爱关系。一个月之后他对我说："这个模特就是我想要的人，我要娶她，但是我妈妈

不同意,你能做一下我妈妈的思想工作吗?"

其实这一个月来,我和他的妈妈一直有交流,她知道儿子谈了一个模特,但是对这个模特却不太满意。我对男孩说:"你可以与她继续交往,甚至同居,但是先不要结婚,等过完三个月再说,在这期间一定要注意安全措施,不能让人家怀孕了。三个月之后,你若仍然觉得这个模特真的是你想要的,渴望与她结婚,那么我来说服你妈妈。"

这样约法三章之后,他们开始试婚阶段。这个模特之前和她的妈妈一起生活,衣食住行基本上都是她妈妈帮她打理。两个人同居之后,她的妈妈为了不打扰两个人谈恋爱,便回老家去了。很快,男孩失落地告诉我,这个模特只适合做朋友或者情人,不适合做老婆。

我问他为什么,他说她太懒了,用过的卫生巾放厕所里几天也不

第三章
恋爱六部曲

清理一下，袜子堆在床底很久才去清洗一次，房间的卫生也不去打扫，外出的时候打扮得精致得体，连化妆都要很久，但是回家之后却很邋遢……

他说："我们过年过节的时候，保姆要回家过年，这时候我们全家都要自己搞卫生的，连我妈妈也要动手做家务，否则整个家会脏兮兮的。她既不是事业心很强的女人，也不具备做贤妻良母的能力，所以我想，仅仅做女朋友没问题，但是做老婆不合适。"

从他的语气和神态之中，我看到了他这段时间的成长。他自己感叹，幸好当初没有仓促结婚，谈恋爱很美好，可是面对锅碗瓢盆的居家生活的时候，就会出问题。

我说："既然和别人相处了这么久，也不能对不起那个女孩，你自己去善后这段感情吧。"后来他与那个女孩商谈，以一种最为合适的方式结束了这段感情。

经过这件事，男孩慢慢接受了父母的观念，择偶观与婚姻观也更加实在、落地，不再单纯追求外表的美丽，而是更加注重内在的修养。在清楚自己到底想要什么之后，再多的漂亮模特、空姐对于他也不再具有诱惑力了，婚后亦是如此。由于他自己的历练成长，情感上不会留下太多遗憾。后来，根据他家族和他的要求，我为他介绍了一个合适的女孩，他终于找到了一位好媳妇。

谈恋爱的女人就像墙上挂着婚纱照，娶回家的女人就像生活照。你想象一下穿着婚纱去泡咖啡、煲汤、做家务，是不是觉得很奇怪呢？

其实，很多男生在处理情感问题时都有些幼稚，不懂得找女朋友和找妻子的区别。当然女孩子也要蜕变，谈恋爱的时候，女生可以因为男孩对自己的痴迷而像一个公主，但是过渡到婚姻之后，就不能再像公主一样一副高高在上的姿态，要学会去适应妻子的角色。

确定恋爱关系在整个恋爱过程中是件非常重要的事情，要找到属于自己的、最为合适的人，才能在接下来的恋爱与婚姻之路中顺遂、如意。

确定关系之前往往要经过一段纠结的过程，但是要清楚自己的纠结是值得的，纠结过后就要做到踏实、笃定，不再后悔。

在参加一次会员的结婚纪念日之后，一个名叫米兰的女孩给我打电话，想让我帮她介绍对象。她长得很漂亮，家庭背景也很好，有直系亲属是政府高官，自己做房地产生意，是典型的白富美，可是28岁了仍然没有男朋友。她的爸爸是经商的，多年都在外面打拼，很少回家，父母之间的关系不太好，所以她害怕自己将来的婚姻生活不幸福（她需要做情感辅导，因为她恐婚）。

第三章
恋爱六部曲

她自身条件很好,年龄不是很大,有房有车,但对婚姻缺乏安全感。在给她匹配的时候,首先要排除正在打拼的老板,因为经营企业应酬比较多。而她自己也是经商的,在她的圈子里有很多商人在追她。

有一次约她见一个某部队的军官,当她知道这个军官有个孩子的时候,便婉拒了,她说不想给别人做后妈。我们公司的资深红娘王老师劝她,宝贝,你来见一下吧,这个是比较适合你的。

结果两个人相见之后很来电,算是一见钟情,一个月之后就在一起了。不过在一起之后,两个人出现了很多矛盾,最大的问题便是这个军官有个儿子。米兰有点感情的洁癖,当她看到这个孩子的时候,总是想起这个军官和前妻的事情,所以很痛苦。

其实军官的前妻已经再婚了,而且两个人也不再有感情,孩子一直在学校寄宿。米兰的父母反对自己优秀的女儿找一个再婚的男人,她自己也有些犹豫。特别是她找人算命,得知两人属相相克之后更加犹豫,甚至有了分手的念头。

她来金凤凰找我说出自己的困惑,我说:"你傻呀,中国的算命按属相和五行八卦算,而西方又按星座算。算命只能是一个心理暗示,你相信就有,不相信就没有。而且中国风水的门派也很多,差别很大,你应该相信哪一个门派呢?你要相信自己的决定,如果全按照这样算,到最后可能都是一生孤零零的。若是你觉得这段感情很痛苦，可以放弃，我们重新给你找。"隔一段时间她再来找我，说自己还是很难放弃这个军官。

我又向她讲解了一些恋爱相处之道，经过七个月的波折，两个人终于在深圳麒麟山庄酒店摆酒设宴。在结婚现场，作为证婚人的部队领导把米兰老公的军功章系在她的礼服上，告诉她："从这一刻起，你是军人的妻子了，军功章里有你的一半。军人的家庭代表你比别人更加包容、付出和奉献。"

在我写这本书的时候，他们已经有了一个两岁的小千金，婚姻很甜蜜。

好婚姻语录　　确定关系之前往往要经过一段纠结的过程，但是要清楚自己的纠结是值得的，纠结过后就要做到踏实、笃定，不再后悔。

热恋

恋爱是一件美好的事情。恋爱中的彼此不仅有心灵上的相互吸引，随着情感的深入，两个人可能也会越来越渴望对方的身体。尤其是热情浪漫的年轻人，对爱情的憧憬和对事物的好奇可能会促使他们情不自禁偷食禁果。在文化、社会风气日渐开放的现代社会，恋人之间发生性关系已经不再是一件稀奇的事情。这是人的本能，是情到深处的自然反应。热恋容易令人头脑发晕，沉浸在幸福之中的人，做事情往往会鲁莽而不计后果。

我在这本书中，还是要劝诫恋人们，尤其是年轻的情侣们，不要太早发生性关系，等双方都确认彼此是合适的人，恋爱关系稳定之后，再去享受身体带来的浪漫和甜蜜。

按照我给出的顺序，在恋爱之前就应该有了一定的规划，如果有，就遵照自己的计划，如果没有，就参照我给出的恋爱进程，不要跳过任何步骤，这样按照步骤进行恋情，步入婚姻，夫妻之间的感情才会更加稳定、和谐、成熟。

有这样一个案例，提醒90后谈恋爱的时候不要过早发生性关系。一个女孩和她的男朋友都是刚刚从大学步入社会的90后，两个人都是独生子女，在交往的第一个月就偷尝禁果，并且怀孕了。

女孩刚刚脱离学校的单纯环境，只是在帮从商的父母一些忙，没有脱离父母的原生家庭，也没有真正步入社会。显然，她没有做好从自家的公主转变到别人家的妻子、儿媳妇、母亲的准备，但是事已至此，不得不结婚，等待生产。这种从恋爱高峰直接闪婚的婚姻存在着许多问题，夫妻的情感没有磨合好，要面对生活中接踵而至的压力，女孩还要学会照顾公婆、照顾孩子，而男孩无论是能力还是心态都还不足以承担起一个家庭的重担，也很难快速进入父亲的角色。

第三章
恋爱六部曲

当两个人还没有磨合、适应的时候,小生命就降临了,女孩面临三种角色的转换,得了抑郁症。一开始全家人都不以为意,认为产后抑郁会随着身体状况的恢复好起来,可是这个90后小姑娘的适应能力、内心的抗压能力很弱,再加上在角色转换过程中,内心没有受到足够的重视和关注,抑郁症一直没有好。

为什么要讲这个案例呢?因为我觉得现在的年轻人在谈恋爱的时候,还没有做好做妻子、做母亲的准备的时候就怀上小生命,彼此没有充裕的磨合时间,对于自己、对于孩子都是一件不负责任的事情。

虽然女孩后来看了医生,但是病情已经发展到了重度抑郁,离不开药物了,甚至到了吃饭就想吐的地步。想象一下,女孩在患有抑郁症的情况下如何教育自己的孩子?将来孩子会不会形成心理阴影?

这两个年轻人是我在金凤凰心理咨询室接待的咨询客户。接待了他们之后,我把它作为一个特殊的案例提醒大家,特别是容易冲动的90后,不要还没有认清自己,就过早地开始进入婚姻中承担的角色。我们一直特别提醒会员不要过早地发生关系,不要在没有准备的时候怀上孩子。

恋爱是有步骤的,若两个人在恋爱的高峰就偷尝禁果,一旦在感情慢慢变得平静之后发现对方并不适合做自己的丈夫或妻子,就很有可能分手。如果这个时候女生怀孕了，伤害的不光是自己，还有肚子里的新生命。如果两个人因为孩子而勉强走到一起，今后的婚姻面临的将是更大的不幸。

热恋中的人总是浪漫又疯狂，但是无论如何被爱情冲昏头脑，也要保持一丝理智和冷静，不要因为贪图一时的快乐而做出悔恨终生的事情。

好婚姻语录　　恋爱是有步骤的，若两个人在恋爱的高峰就偷尝禁果，一旦在感情慢慢变得平静之后发现对方并不适合做自己的丈夫或妻子，就很有可能分手。

# 缠绵

走在缠绵这一阶段的时候，人们往往以为恋爱已经稳定了，于是便降低了对自己形象的重视程度，着装、言行开始暴露出不好的一方面。其实从热恋到稳定的阶段，一步都不能放松，因为缠绵期面对的就是婚姻的门槛，这是幸福的最后一道门槛，一定不能有丝毫懈怠。

现在很多人都会选择婚前同居，同居的时候，很多女性便降低了对自己的要求，在热恋的时候，会穿很漂亮、性感的蕾丝睡衣，同居后却凌乱邋遢，男人亦然，胡子邋遢、着装随便。同居以后男的变心比较多，而女性吃亏比较多，往往出现怀孕、堕胎、未婚生子等情况，偏偏中国女性往往有情感的依赖，同居之后就认定这个男人，不给自己留下退路。

我建议先不要同居，步入婚姻时，总要带着一些美好、新鲜和期盼，未婚同居会把这些神秘的、令人向往的、美好的、新鲜的感觉消耗干净。所以在恋爱里，可以尽情地接吻、拥抱，但是要熬得过彼此感情很深、

好婚姻靠设计

很稳定的这一个阶段，这时候再发生亲密关系才能促进情感的升华和稳定。不要认为性只可以增加亲密度，它也有可能会断送爱情中的新鲜感和期待。

　　据统计，性生活和谐，但其他观念如世界观、价值观、性格等不同频的情侣，依然会选择分开。婚姻是一辈子的事，人生只有来时的路，却没有回去的路。所以要清晰地知道对方是不是要与自己终身相伴的人，当你真的确定之后再发生亲密关系，就属于瓜熟蒂落、水到渠成的事了。

好婚姻
语　录　　婚姻是一辈子的事，人生只有来时的路，却没有回去的路。

结婚

经过上面五步,两个人已经深入了解彼此,双方既能够满足最基本的生理需求,还能够在精神上达到同频,自然而然就到了谈婚论嫁的地步。

金凤凰已经见证了无数对幸福美满的情侣携手步入婚姻殿堂,新郎、新娘脸上洋溢的是充满幸福的喜悦,只有经过时间的淬炼,幸福的果实才格外美丽、格外甜蜜。

在中国的传统婚姻中,新人要敬拜天地、父母、彼此,拜天地是要得到皇天后土的见证,拜父母是要感谢父母的养育之恩,夫妻对拜则是一种礼敬,因为在今后的生活中要面临种种风浪与琐事,有快乐,也有烦恼,相互深鞠一躬,以后你我二人同床共枕、同舟共济,无论发生什么事,都要一起承担。

而在西方的风俗中,婚礼由神父主持,通常会问新人:你愿意与身边这个人结为夫妻吗?爱TA、忠诚于TA,不论贫穷、疾病、困苦,都不离不弃，都一生相随，直至死亡。新人则在牧师与亲朋好友的见证下说出简短有力的三个字：我愿意。

其实，婚姻不是简单的一张证书，不是简短的一段誓词，也不是一场仪式，婚姻是两个人牵手走过一生的承诺，是两颗心交流碰撞，慢慢融为一体。婚姻是从怦然心动，到相互爱慕，从热情洋溢，到难舍难分，从亲密无间，到两个人组成一个家庭，从此风雨同舟，一起面对生活中的美好和压力。经历了恋爱中的种种考验，经历了漫长的过程和步骤，婚姻，让相爱的人们心中终于有了踏实的感觉。

愿天下有情人终成眷属。这句话不仅仅是一句祝福，一种希冀，更是对那些相爱着的人们的鼓舞，鼓励他们大胆追求自己的爱情，认真对待自己的情感，带上另一半，组成幸福的家庭，收获美满的婚姻。

> **好婚姻语录**
> 经历了恋爱中的种种考验，经历了漫长的过程和步骤，婚姻，让相爱的人们心中终于有了踏实的感觉。

第四章
婚恋中的爱与痛

01 失败的恋爱

恋爱，有甜蜜也可能会有伤心。恋爱中两个人的心都是敏感而又脆弱的，能够因为对方的一个迷恋的眼神而开心好几天，也能因为对方一句伤人的话而难过好几天。

两个人交往，走进彼此的生活，难免会出现磕磕碰碰，观点不一致、情感得不到不满足都有可能导致情侣之间的争吵、冷战。如果两个人三观不合，或者有一方出轨或背叛，感情便会出现裂痕，甚至爱情结束，不得不以分手告终。

在文学作品和影视作品中，我们可以见到的失败的爱情故事不胜枚举，或许在现实生活中也有很多人曾经体会过那种尖锐的痛感、麻木的伤心。爱情就是如此，让人如同漫步云端般身心轻盈，却也许下一秒便坠落到了地面，摔成重伤。

并非每一段恋情都能够有一个美满的结果，并非每一对恋人都能将爱情进行到底，幸福地走进婚姻。恋爱让人成长，失败的恋爱尤为

第四章
婚恋中的爱与痛

如此，也许每个人在寻觅另一半的过程中都会经历失败的恋爱，然后在自我恢复、自我疗愈的过程中慢慢变得更加理智、更加成熟。

失恋很痛苦，但是无论多么伤心都会随着时间的推移而逐渐减轻，你要做的，就是不断调整自己的心态，在上一段恋情中总结经验，为遇到合适的那个人做好充分的准备。

自己恋爱失败，要懂得如何正确调整自己；别人恋爱失败，要懂得如何正确安慰他人，这对于走出失恋的阴影非常重要，女孩小梅的案例便能说明这个问题。

小梅爱上了公司里新来的男同事，两人交往了一段时间后，小梅带着男朋友回家见父母。父母很认真地招待了她的男朋友，小梅很开心，以为父母接受了自己的恋情。但刚送走客人后，父母就把她拉到沙发边让她坐下，劝她跟对方分手，小梅很郁闷，问为什么要分手。

小梅的父亲对她说："我们热情招待他，是因为你们是同事，不能让你没面子，但我和你妈看了半天，他不是个实在人，对于我们所提的问题，他的回答很多都含糊不清，前言不搭后语，绝对不是你托付终身的好选择。"

小梅激烈反驳："你们一上来就跟审犯人似的，人家紧张才会答非所问，我们很相爱，他对我很好，你们又不知道这些细节，反正我不会跟他分手。"

无论父母如何劝说，小梅就是铁了心要和男朋友在一起，父母在一边摇头叹息，无可奈何。

大概一年后，小梅无意中发现男朋友劈腿了，和一个富家千金在一起了，面对小梅的质问，男朋友并没有否认，他很坦白地告诉她：谈恋爱无所谓，可是结婚包含很多东西，找更合适的人有什么错？

小梅伤心欲绝，请假回家休息，父母得知情况后，心疼女儿，将那个负心人咒了千百遍。

小梅还是闷闷不乐，整个人像霜打的茄子一样，母亲一边心疼女儿，一边数落她："我跟你爸早就看出来他不是个好东西，就你偏不信，现在好了吧！你呀，就是不到黄河不死心，我们吃的盐比你吃的饭都多，走的桥比你走的路还多，难道看人不如你准？再说了，我们是你亲生父母，难道会害你吗？要是早听了我们的，早早分手，你何至于弄到现在这步田地呢？"

小梅越听越恼火，对着母亲大吼："是，我白痴，我活该，我也没求你们可怜我！"

母亲也恼了："你真是不识好歹，白养了你了。"

小梅一把扯过被子，把自己的头蒙了个严实，母亲摇头叹息地走了。

第四章
婚恋中的爱与痛

一段时间之后，闺蜜对小梅说她爱上一个男人，两个人的恋情发展很快，闺蜜每天都在微信上向小梅汇报进程。

听得久了，小梅有一个疑惑，闺蜜在这个男人面前几乎是透明的，连她几个月会说话，小学在哪儿上都交代得清清楚楚，可是当自己问起男人的情况时，她几乎一问三不知，小梅问她为什么连基本情况都不清楚，她却说："哪里好意思不断挖掘，他要是想说就会说，不想说问也没用啊！"

小梅有点无奈地佩服闺蜜的豁达，同时也有些担心她：两个人谈恋爱，就算对方不问，自己的一些基本情况还是应该告诉对方，如果连自己的基本情况都不愿意说，这代表什么呢？

但闺蜜显然不愿意小梅对她男友有所质疑，坚持说男友的人品非常好。

某天深夜，闺蜜突然哭哭啼啼地来找小梅，进门第一句话就是："我被他骗了，原来他不但结婚了，而且还有一个孩子，却一直假装单身。亲爱的，我好难受啊，我感觉心都被掏空了。"

小梅叹了口气，拍拍她的背，说："唉，我早就……"小梅原本想说的话是"我早就提醒你要搞清楚"，但话到嘴边，她突然愣住了。

这话的逻辑和语气与当年妈妈教训自己有什么不同呢？小梅一边讨厌这样的说话方式，一边却不自觉地学了过来。

于是，小梅赶紧改口道："我早就说过，不管你遇到什么事，我都会支持你的，你不是一无所有，你还有我啊！"

闺蜜哭了出来，眼泪蹭了小梅一身，边哭边说："亲爱的，还好有你，在我这么难过的时候，还有你陪着我，我以后一定不再这么盲目了。"

小梅拍着她，轻柔地安慰她，心里却想了很多很多。

当我们以自己的经验去劝身边的人时，肯定满心希望对方听自己的劝说，不要受伤，不要跌倒，不要辜负自己的一片好心。可是每个人都有自己的路要走，他未必肯听我们的话，而他的爱情最后也许会成功，也许会失败。如果失败，他心里肯定已经满是懊悔，只是不好意思说出来，这个时候，我们完全不必做事后诸葛亮，只要好好地陪伴、宽慰、和他一起走出人生的低谷。相信有了这种体验，往后你再说什么，他都比较容易接受。

当我们说出"你看，我早说过……"这样的句式时，即使出发点是心疼，可对方听到的意思却是"我早就劝过你，你不听，活该！"

这一点其实可以延伸到生活的其他方面，包括与爱人的相处。

经常有人抱怨，自己的另一半什么事都不告诉自己，可是为什么呢？爱人向你倾诉、向你寻求安慰的时候，你的反应是指责和唠叨，还是宽心与劝慰？明明已经心情不好了，告诉你非但不会消解坏情绪，反而增添一肚子火气，为什么还要给自己找麻烦？可是如果对方知道向你倾诉会对情绪有所缓解，会有温暖的怀抱和理智的分析，怎么可能再隐瞒自己的心事呢？

每个人都会经历失败和挫折，当你满心沮丧时，是想要一个温暖的怀抱，还是喋喋不休的唠叨？

每个人都有自己的选择，有些事不是事先提醒就一定能避免的，对一个人最好的方式就是：陪他走过低谷，陪他走向巅峰。这样的相处模式无论是在恋人、家人还是朋友之间，都是一种积极的、正能量的模式，能够让情感更加坚贞而笃定。

> **好婚姻语录**
>
> 每个人都有自己的选择，有些事不是事先提醒就一定能避免的，对一个人最好的方式就是：陪他走过低谷，陪他走向巅峰。

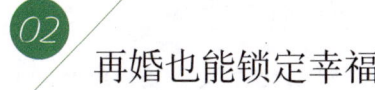
再婚也能锁定幸福

钱钟书先生在他的小说《围城》中这样说：婚姻仿佛金漆的鸟笼，笼子外面的鸟想住进去，笼内的鸟想飞出去。

世间没有任何事情能够一帆风顺，婚恋也是如此，欢乐与烦恼相伴，爱与痛紧紧相随。钱钟书先生所说的围城，便是这样一种爱与痛的围困。虽然并非每个人的婚姻都会成为让人想要逃离的围城，但是对于离婚的人来说，他们的的确确是从一个牢笼中逃脱了出来。

逃脱出婚姻的围城之后，人的心理往往十分复杂，一方面对上一段婚姻中的黑暗心有余悸，另一方面也渴望着能够拥有一个幸福美满的家庭。事实上，离过婚的人对家庭温暖的渴望可能比未婚的人更加强烈，因为他们领略过美好，也经历过伤痛，所以对温暖与温馨格外向往、格外贪恋。

失败的婚姻对一个人的打击非常大，那段不堪回首的如同梦魇般的时光会给一个人带来难以挥去的心理阴影，这点对于女性尤其强烈。

在世俗的眼中，离婚是一个人身上难以承受的失败标签，男人还好，但是一个女人离异后往往会遭到非议，被人评头论足、指指点点，好像离婚就降低了一个女人的身份和档次。在这样一种传统的社会心理影响之下，离异者自己心中也会充满低落失望的情绪，无法鼓起勇气去追求自己的幸福。如果还带着孩子，想要获得幸福更是难上加难。

可是，经历过伤痛的人难道不应该用更多的幸福来弥补内心的伤痛吗？再婚，就不能拥有和睦美满的家庭了吗？

我在前文中讲到了金凤凰婚恋机构红娘张老师的故事，她在遭受一段痛苦的婚姻后与前夫离婚，独自带着一对儿女从梅州辗转到深圳。张老师也一度迷茫、低落、痛不欲生，在向往新的爱情的同时内心脆弱而自卑。可是她终究遇到了自己的真爱，遇到了命中注定的那个人，他无论是对她还是对她的宝贝们都细心体贴、无微不至。张老师的经历成为金凤凰的一段佳话，而她自己也在尽其所能去帮助与她经历相似的人。

吴女士来自湖北，34岁，离异。她原本有个幸福的家庭，夫妻感情稳定，有一个活泼可爱的儿子。儿子的降临给家庭增添了更多的欢乐，为了给孩子一个良好的成长环境，丈夫选择了外出打工。但是长久的分离让两人的感情出现了无法挽回的危机，最终以离婚收场。吴

第四章
婚恋中的爱与痛

女士心灰意冷,开始了四处辗转、独自生活的日子。对生活的失望、对儿子的思念让她感到生而无望,整天以泪洗面。

吴女士与金凤凰的相遇算是一个偶然,她在一次乘坐电梯时瞥见了我们温馨的广告,欢乐幸福的画面让吴女士怦然心动,渴望幸福的火苗在她心中重新点燃。张老师是她的红娘,除了为她介绍相亲对象,也在心情调节、自我认知,包括相亲细节等多个方面给予她全方位的、细致耐心的帮助。

经过几次相亲经历,吴女士遇到了来自香港的杨先生,他是酒楼的大厨,烧得一手好菜。杨先生也有过一次失败的婚姻,相似的经历让两个人有了共同的话题,他们第一次见面便真诚地相互讲述了自己的故事。杨先生是个朴实温柔的人，说的不多，却不断用行动表达着自己的爱意，他融化了吴女士冰封多年的心，让她放下了心中的担忧和恐惧，选择做回一个小女人。他们仅仅用了48天便锁定了对方，在香港注册结婚，开始了崭新的幸福生活。

离异的人士之所以对婚姻充满恐惧，是因为他们害怕再次受伤，像惊弓之鸟一样敏感警觉，不想经历更多的痛苦。但是每一个人都有追求幸福的权利，忘记过去才能接受未来，放下痛苦才能迎接快乐。生命那么短暂，不能用伤心痛苦将自己缚于一隅，放下心中的包袱，抬起头，满眼都是阳光。

好婚姻语录　离异的人士之所以对婚姻充满恐惧，是因为他们害怕再次受伤，像惊弓之鸟一样敏感警觉，不想经历更多的痛苦。

幸福可以缩短理想与现实的差距

世间的爱情，看上去完美般配的有时候往往不能结出果实，反而是那些起初不被看好的爱情，在人们的观望与唏嘘中却越来越坚定。

每个人都期待寻找一个自己心目中的白马王子或白雪公主做爱人，但是这些期许具象化后往往是对年龄、身高、相貌的要求。可是理想归理想，现实是现实，上帝为你准备的那个人并不一定完全符合你的想象和要求。

金凤凰有一位会员周女士，来自内蒙古，33岁，可是从大大的眼睛、白皙的肌肤、苗条的身材、俏皮可爱的性格来看，她一点都不像年过30的人，反而像一个没有长大的假小子。

周女士在深圳与朋友合伙开旅游公司，喜欢健身、露营、骑单车等室外运动，身边的驴友数不清，可是那些男士大多把她当哥们儿看，都没与她发展成为恋人的意思。她有好几个姐妹都在金凤凰找到了爱情的归宿，姐妹们对她的婚姻大事颇为担忧，把她带到了金凤凰。

周女士对另一半的要求挺多,首先男方的经济条件要比较好,因为她是导游,怀孕的时候不能工作,所以要保证足够的家庭收入;年龄不能太大,上下差3岁左右即可;情商要高,最好帅气一些。不得不说,对于自身的条件来说,她的征婚条件比较高了。

我对她说,一般女生过了30岁之后,找对象的年龄会放宽到大10岁或小3岁,是否可以呢?她不置可否,她的姐妹们都找了比自己小的男朋友,但是她希望男朋友能够稍微大一些。

我前后给她介绍了比她大4岁的香港高管、大3岁的深圳小企业老板,还有两个华侨,但是她都不太满意,挑出种种问题。在回访那些与她见过面的男士时,大部分说她没有女人味,太中性、不温柔,像一个没长大的孩子,不浪漫,不解风情。

一年之后,她还没有找到自己理想的伴侣,我对她说:"常言道,东方不亮西方亮,上帝为你关上一扇窗的同时也为你打开了另一扇窗。香港金凤凰国际婚介公司给你介绍个老外怎么样?"

她有点忐忑:"我都不怎么懂英语,而且也没有和外国人相处过,能行吗?"

我劝她给自己一次机会:"老外其实蛮喜欢可爱型的,也就是你这个类型的。而且老外不会太在乎对方的年龄,娶比自己大四五岁的女人的男人很多。"

之后我给她介绍了一个小她9岁的澳大利亚帅气绅士,没想到这个澳大利亚的绅士很喜欢她,对她展开疯狂的追求。

我问她:"你喜欢这个澳大利亚的绅士吗?"

她说:"不太现实吧,我只有高中文凭,英语也不是很好,年龄比他大这么多。"

"英语不会可以学,如果担心他的父母不喜欢你,你可以先去国外见见他的父母。"

之后,他们一同到澳大利亚拜见帅气绅士的父母,当他的父母见到活泼可爱、大大的眼睛就像一个洋娃娃的她时,很是喜欢。在一段甜蜜的恋爱之后,周女士跟随男友移居澳大利亚,在那里举行了一场浪漫的婚礼。他们的婚姻非常幸福,拍合照的时候根本看不出来她比丈夫大9岁。

结婚七八年了,周女士还没有怀上孩子。在中国像这种没有怀上孩子的情况,早被婆婆逼离婚了,但是她很庆幸,外国婆婆从来不过问他们孩子的事情,她老公很爱她,认为有无孩子是她的决定,从来不给她压力,最重要的是她开心。当我知道她还想怀孩子,我就让她回中国,给她介绍不孕症专家(老公常笑我是操心命,结没结婚操心,

生没生孩子还操心）。

　　婚恋之中年龄的差距一直是一个比较敏感的话题，男性比女性大还好，如果女性比男性大，而且大出很多，往往会被人们另眼看待，说好听一些是"姐弟恋"，说不好听了就是"老牛吃嫩草"。其实这是人们根深蒂固的传统观念和社会风俗所形成的影响，认为丈夫担当一家之权威，年龄上也要"镇得住"，而女性则要扮演柔弱的小女人角色，应该找个比自己大的，被保护、被呵护。

　　什么样的人走进你的生命，你会和谁共度余生，爱情什么时候来临、是什么样子，这些都需要缘分。差距的存在是不可避免的现象，即使没有年龄的差距，也可能有性格、爱好、文化的差距，而爱情，是用

第四章
婚恋中的爱与痛

来缩小这些差距的。

与年龄差距带来的烦恼类似的，还有身高的差距。远古时期我们的祖先茹毛饮血，过着采集狩猎的生活，体格高大健壮的男人有着更多的生存机会，人类经过几万年的进化，在女性的基因当中形成了一种对高大强壮的异性向往的本能。虽然到了现代社会，身高、体型不再决定一个人的生存状况，但是这种根深蒂固的思维难以改变，女孩们依旧喜欢高大帅气的男人，这使得身高较矮的男性在择偶的时候往往会遇到尴尬与困难。

金凤凰便有这样一位男性会员——来自广西南宁的韦先生，他在深圳经营自己的服装品牌。他打拼多年，事业逐步有了起色，但是身边一直缺一位能够嘘寒问暖的贤内助。金凤凰的杨老师为他介绍了一位女士，两个人对彼此的印象都不错，可就是女方父母对韦先生158厘米的身高非常介意，最后这段感情只好不了了之。

身高一直是韦先生内心深处一个不大不小的痛，论能力、实力，他不输任何人，可是身高却让他在女性面前非常不自信。金凤凰的老师们对他多番劝解，才慢慢打开他的心结，同意再次相亲。

后来我们为他介绍了来自四川的罗小姐。罗小姐出身书香门第，随父母在深圳定居，希望能找一位人品好、有上进心的男士，而韦先生的气质、内涵俱佳，有孝心、有能力、有责任心，在我们眼中，他们已然是一对般配之人。

见面之前我将韦先生的个人资料拿给罗小姐看，并耐心地为她分析了韦先生的优缺点。他们的第一次见面是一个盛夏的周末，善良的罗小姐特意穿了平底鞋，非常贴心。但是约会并没有想象中的顺利，他们对彼此的印象都一般。

我与两人分别进行了沟通，发现他们对彼此的了解还不够深入。于是我便让他们两个人深入了解对方，最后两个人终于对彼此有了全新的认识，发现对方就是自己在苦苦寻觅的人，就像世界上最遥远的距离不是生死，而是面对面却不明白彼此的心迹。

两个人很快确立了恋爱关系，带着甜蜜与幸福走向了婚姻的殿堂。灵魂的契合、爱情的滋养，弥补了时间的短暂，更弥补了身高的差距。

好婚姻语录　世间的爱情，看上去完美般配的有时候往往不能结出果实，反而是那些起初不被看好的爱情，在人们的观望与唏嘘中越来越坚定。

04 不婚者需三思

如今我们听到"不婚主义"或"不婚者"这样的词语,往往已经见怪不怪了。不婚者大多是在主观意念上不想步入婚姻,而客观事实则是一直保持未婚。现代人的自我观念越来越强,独立的生活与精神让人们对家庭的认识慢慢发生了变化,或偏离,或淡薄,所以我们目光所及的不婚者越来越多。

年轻的时候奉行不婚主义看似无所谓,年轻的心很容易被新鲜事物吸引,可以追求事业,可以发展爱好,可以尽情享受恋爱,但是并不一定需要婚姻。可是,人越年老越容易寂寞,也越需要生活中的伴侣与精神上的寄托,彼时,后悔没有趁正当年的时候找一位相知相伴的爱人,已然来不及了。

毛女士 40 多岁的时候才征婚。她多年来一直未婚,自己有房有车,收入也很高,如果不是看到自己年迈的母亲的现状,恐怕她也不会设想自己年老后的生活,也不会因为恐惧而想要结婚。

毛女士的母亲年迈体弱，得了偏瘫。毛女士是独生女，她一个人实在照顾不了母亲，考虑再三，最后还是选择将母亲送进了养老院。

毛女士考察过养老院的情况，开始的时候，护工们能将母亲照顾得比自己还要周到，她也从一开始的每三天去看望一次，到后面一个星期去一次。有一次，她国外出差三个月，当回国再次见到母亲时，她简直不敢相信自己的眼睛：下半身生满了疮的母亲像个弃婴一样无助地卧在床沿……

毛女士找院长投诉护工的不负责任，可是，当一个老无可依的老人被送到养老院，三个月也没有人看一眼时，谁还能天天推她出去晒太阳，照顾她呢？

毛女士也需要工作，没有太多的时间去养老院陪伴母亲。深夜的时候，她辗转反侧，想到自己母亲的遭遇，想到自己也会慢慢老去，本以为老的时候去养老院可以安享晚年，现如今却让现实给了一巴掌。

第二天，毛女士来到了我们公司，期望找个老公，她自己经济条件还算可以，找年龄太大的怕精子的存活率太低，很难怀孕，所以她想找一个比她小的，甚至不介意小10岁以上。

后来，我介绍了一个河南的小她17岁的男士。交往一段时间之后，他们便同居了，但是后来我了解到毛女士不是很喜欢他。

第四章
婚恋中的爱与痛

我在前面的内容中谈到了婚恋规划的问题，其实不仅仅是婚恋，我们的一生都需要进行规划，给自己制定大致的目标、步骤，串联起生命的脉络，而婚恋规划是人生规划中必不可少的一部分。

生命是一条单行道，有些事情错过了注定会成为遗憾。给自己做好规划，在青春年少的时候完成该做的事情，当我们年老的时候回忆起那些青葱的岁月依然是无怨无悔的。

相对毛女士这样错过最佳婚期的大龄女性，年轻人选择不婚的原因更加多样，有的是因为崇尚单身，有的是太过心高气傲，有的则是童年时期父母婚姻的不幸留下了难以挥去的阴影。

像毛女士这样就被动了，既要考虑生孩子，又要考虑婚姻的综合条件。大多数四五十岁的男人都不想生孩子了，站在孩子优生的角度，她也是很被动的。

这里还有一个不想结婚的案例。女孩小王，25岁，青春活泼。她的外婆病危，临终的心愿便是看到外孙女找到一个好的归宿，于是小王来到金凤凰征婚，挑选了一个比较满意的男孩带回家让父母、外婆过目。后来她的外婆去世了，小王便不再搭理这个男孩，也无意再找男朋友，想回到原来的生活状态。

小王来自单亲家庭，父母再婚给她带来了一定的伤害。她很不信任他人，总是看到别人的缺点，对别人缺少包容。她的内心存在阴暗面，导致她对婚姻的概念和责任认识不清，态度很随意。

这样的状态，很容易伤害到真心喜欢她的男生，她一直试图寻找温暖，但是自己却不知道想要的温暖是什么。

不婚是一种观念、一种态度，也是一种生活方式，但是你能够承担一辈子不结婚所带来的种种生活与心理压力吗？无论你此时的回答是"能"还是"不能"，选择不婚，都要三思而行。

> **好婚姻语录**
>
> 生命是一条单行道，有些事情错过了注定会成为遗憾。给自己做好规划，在青春年少的时候完成该做的事情，当我们年老的时候回忆起那些青葱的岁月依然是无怨无悔的。

05 丁克族的情与痛

丁克对于现代人来说并不陌生，它指的是婚后夫妻二人不要孩子，过只有夫妻而没有孩子的家庭生活。

丁克在国际上十分流行，一些收入稳定、消费水平高的工薪阶层，结婚之前便与恋人商议稳妥，婚后不要孩子，过丁克生活。

其实选择丁克的夫妻一般感情都非常深，并且对生活品质的要求较高，追求自我的价值与意义。我认识这样一对夫妻，他们从高中到大学都是校友，而且是情侣，大学毕业之后两个人就结婚了，他们的爱情故事一直是同学们心中的佳话。

婚后两个人非常恩爱，生活也很洒脱，当旁边的同龄人都生儿育女的时候，他们却用这个时间走遍了祖国的大地山川和欧美的很多国家，生活十分潇洒，像不食人间烟火的神仙眷侣。两人不顾家人的反对，誓言将丁克进行到底。

当他们年龄到了46岁（二人同龄），此时老公单纯讲课的月薪就

达到了 10 万元，平常还会有一些其他的额外收入。老公在深圳有自己的别墅，双方也都有自己的豪车，但是当他看到其他有孩子的家庭时，总是忍不住羡慕。之后他不再想丁克了，想和妻子生孩子。

第四章
婚恋中的爱与痛

可是妻子已经到了绝经期，没办法生孩子了。我们劝他去领养一个孩子，但是他却期望有一个自己的孩子。中国人很注重血缘关系，不像西方人或港台地区的人，自己不生孩子，但是会领养一个来弥补遗憾。

最后，这对恩爱的夫妻还是离婚了，老公净身出户，所有的财产包括房、车都给了前妻。半年之后，他找了一个比他小20岁的女性结婚了，一年后便做了爸爸。他的前妻来找我，只说特别恨他。

这样的故事并不鲜见，男人到了四五十岁照样可以找一个二三十岁的女子结婚生子，完成当爹的愿望，但是四五十岁的女人可能就不能怀孕了。现在有钱的女人会将自己的卵子冷藏起来，假设若干年之后后悔了，或许还可以再生一个，但是又有多少人能够达到这样的经济条件呢？若是男人后悔丁克，可能还来得及生孩子，我所接触的大多丁克族离婚，很多都是男人改变了初衷。或许年轻时爱玩，觉得养育孩子很麻烦，但是到了一定的年龄，在某一特定的状态下，会感到遗憾。

虽然现在有孩子的家庭离婚的也不少，但是孩子的确能增加家庭的凝聚力，夫妻之间也会更加包容。若是两个人真的想将丁克进行到底的话，那么就去共同领养一个孩子，闲暇或者过年过节的时候三个人一起过，尽量体会这种子女绕膝的感受，避免一方用离婚的方式来弥补没有孩子的遗憾。两个人共同做的事情越多，共同话题也会越多，感情也会越来越稳定。

> **好婚姻语录**　　其实选择丁克的夫妻一般感情都非常深，并且对生活品质的要求较高，追求自我的价值与意义。

第五章
识破骗局,给爱情加一层防护网

01 网络相亲、恋爱中的骗局

就在不久之前,电视剧《甄嬛传》像一股旋风一样刮遍了电视荧屏,随手调哪个频道都可以看到身着华服的甄嬛与皇帝或者果郡王深情脉脉地谈情说爱。许多人为其中痴情的爱而感动,为甄嬛的命运而唏嘘感叹,而我却从中看到了并不美好的部分,一个精致的、美丽的、诱人的骗局,皇帝为甄嬛设下的骗局。两人最初相遇,他谎称自己是果郡王,借助盗用的身份与她相恋,在情窦初开的她心中种下一颗种子,却并没有给予种子适宜的生长环境,后来三人的情感纠葛,正如甄嬛自己的凄凉总结:或许从一开始,一切便都是错的。

"婚恋有风险,投资需谨慎",爱情、婚姻都需要长期的投入,投入时间、精力、情感,亦会像股市、楼市一样投入金钱。我们每个人都是食尽人间烟火的饮食男女,自然希望能够得遇良人,相守一生。可是天涯芳草千差万别,也许有时候看到的并不是花,而是毒草。如果将自己的热情投入错误的对象身上,投入陷阱之中,与误食毒草并

第五章
识破骗局，给爱情加一层防护网

无二致，轻者麻痹神经、令人痛苦，重者则可能会给人留下永久的伤痛。

西方有句谚语："爱情和战争都是不择手段的。"其实这句话不仅仅适用于爱情与战争，也适用于其他任何可能带来利益的领域。既然婚恋是一种需求，就会有人利用这样的需求，千方百计、不择手段地从中牟取利益。爱情本应美好，婚姻本应完满，但是对于那些以相亲、恋爱为名，以诈骗敛财为实的骗局，则需要每一位期许爱情、憧憬婚姻的单身人士擦亮眼睛，学会甄别，给自己的感情与财产加上一层牢固的防护网。

随着网络社交平台的发展，"网恋"早已不再是新鲜词汇，甚至通过婚恋网站、社交软件而进行的相亲、网恋也正在慢慢成为一种流行的趋势。当代青年的生活节奏快，交友圈子窄，导致传统的交友方式太少，再加上网络便利、迅捷、多元，并且种类日渐细分，便使得志趣相投、爱好相似的人很容易找到自己心之所属的小圈子，并轻松愉快地融入其中。

那么网络交友、相亲存在风险吗？当然存在。没有人知道隐藏在电脑或手机屏幕之后的那个人和与自己热聊的人是否拥有同一张面孔，也没有人能确定信誓旦旦的爱情宣言背后是否藏匿着不为人知的陷阱。虚拟的空间总会给"不靠谱"留下漏洞与可乘之机，于是便有了层出不穷的网恋被骗,甚至被加害的新闻。

但是只要是骗局就会有自身的漏洞,掌握了其中的规律就能轻易识破骗子的伎俩。网络相亲、婚恋之中可能存在的情形大致可以分成以下几种,纵然面目多样令人眼花缭乱,可手段都是常用的,正在使用社交软件或参加相亲平台活动的单身人士需要警惕。

1. 酒托、饭托

特征:一般伪装成 18—25 岁的女性,收入水平中等。

目标:20—35 岁有一定经济实力的男性。

手法:以美女照片作为头像,会主动引诱对方在指定的酒吧、饭店或其他娱乐场所见面并消费,与不良商家勾结进行欺骗敲诈。

第五章
识破骗局，给爱情加一层防护网

其实说"伪装"并不恰当，酒托、饭托之类的骗子绝大多数是妙龄女郎，颜值高、身材好，大多还有着不俗的品位。她们将年轻爱玩、喜欢交友的单身男性甚至已经有伴侣的男性作为目标，主动聊天、示好、邀约，与男士见面。

诸如QQ、微信、微博等，如今我们所应用的每一款社交软件都拥有定位的功能，通过简单的搜索便能找到方圆几公里范围内的人，"美女"大多是通过这样的方式与男性搭讪、聊天的：她们会索要你的电话号码，但是不会主动将自己的手机号透露给你，聊天一段时间后便以聊得来或自己没有太多时间上网而提出见面。约会地点一般也是由她来定，直接约在咖啡厅、酒吧等休闲场所，或者相约一起走走逛逛，走到一半提议到街边的酒吧坐一坐。这样的地方看起来可能并不显山露水，可是酒水、小吃却都贵得吓人，在你反应过来之前女孩已经点了一堆，摆满桌子，这时候的你骑虎难下，只能硬着头皮买单，一边陪"美女"聊天一边暗自心疼。

我们都知道女孩的性格比较矜持，如果真心想找一个男朋友，一定会仔细思量、反复考察，一开始肯定也会心有警惕，一般是不会在短时间内主动要求与男性见面的。如果两个人聊天没多久便主动提出见面，这个时候不要太兴奋，因为你很有可能一不小心便走进了对方布下的陷阱之中。

另外，这类酒托、饭托为了让自己看起来更有吸引力，聊天头像一般都很漂亮，形象好、气质佳，如果见面之后发现本人与照片出入过大，那么十有八九就是骗子了，如果决定与之约会，尽量不要让对方选择地点，心中始终保留一丝警惕，以免掉进陷阱无法抽身。

2. 求子骗子

特征：一般伪装成 26—35 岁左右的富婆，社交账号头像多为美女。

目标：收入不高但有一定存款的中年男性。

手法：一般自称丧偶或丈夫不能生育，想找一位健康男性求子，有重金悬赏。如果有人上钩，接下来就会要求其缴纳保证金、律师费等，以此来骗取对方钱财。

如今高价"有偿求子"的骗局并不鲜见，财色兼收，这种好事对大多数单身男性来说都是可遇不可求的，骗子也正是利用了男性的这种心态。美女与重金都是诱惑，哪个男人会拒绝呢？

这类骗局一般都经过了精心的、长期的前期准备，毕竟行骗也需要以假乱真来掩人耳目。骗子往往将自己的身份伪装成华侨或香港人，一来混淆视听让人无迹可寻，二来听起来更加可信，一个高龄貌美、

第五章
识破骗局，给爱情加一层防护网

家境优越、一心求子的富家太太，随口开出过百万的高额报酬实在是情理之中的事，这些扑朔迷离的信息反而会增加可信度。有了身份的包装，还要有合理的桥段，这些富婆往往不会亲自联系你，而是将所有事宜全权委托给自己的律师。于是，之后全程便几乎都是律师联系你了，他会告诉你需要哪些证件、手续，说明你的义务，明确你最终的利益，制定交易的流程，他的言辞专业、精确、条理清晰，可信度瞬间增强。

在获取你的初步信任之后，律师便开始借口转账费、保证金等要求汇款，汇款后才能收到高额定金，才能进行下一步的计划。如果这个时候没有识破骗局，给对方汇了款，一般受骗者就开始存在侥幸心理或鸡肋心理了，而这仅仅是汇过去的第一笔款项，后续对方还会有各种理由加收各种费用,当你反应过来的时候,可能所谓的富婆与律师早已销声匿迹,无处寻觅了。

其实这种骗子相当好辨别,骗子在介绍自己身世经历的时候一般都会进行长篇的自我介绍,甚至可能会哭诉自己因为无子而遭受的痛苦,以此博得信任与同情。如果她的介绍里有丧偶或丈夫不能生育、重金悬赏等内容,那么就不必再浪费精力和感情了,这一定是求子骗子。

3. 话费骗子

特征:一般伪装成18—25岁的女性。

目标:20—35岁的男性。

手法:以美女照片引诱对方搭讪或主动与对方搭讪,热聊过后谎称电话欠费,请对方帮忙垫付。

日常生活中或许大家都会遇到这样的情况,打电话给亲人或朋友,对方电话停机了打不通,这时候很多人都会选择给对方充一些话费,保证电话的畅通。给一个聊得来的朋友垫付几十元或几百元的话费有什么关系?不帮忙只能显得太过小气。那如果是一个约会在即的美女请求你帮忙交话费呢?你会忍心拒绝吗?

这样的心理,正中话费骗子的下怀。话费骗子同样会伪装成年轻

第五章
识破骗局，给爱情加一层防护网

美丽的女性，通过 QQ、微信、陌陌等聊天软件与男性搭讪，或者以美貌吸引男性关注自己。那么这些美女真的是美女吗？这有待商榷。话费骗子往往都是团伙作案，首先雇佣一些网络键盘手，伪装成美女，并且会利用一些"高科技"，诸如假的聊天视频、变声器等进行语音和聊天对话。

漂亮的外貌、温柔的声音，很容易便能打动人心。待到时机成熟，美女会提出与你见面或约会，这个时候是不是应该互留手机号了？可是她给你的是一个停机的号，或者告诉你手机没费，流量不能用，没有无线网，出门后不能上网聊天也不能充值，能不能帮忙交点话费。

高明的骗子会连声说不好意思，让你随便交点，够用就行，见面就还，交了几十元之后你会发现对方手机仍然欠费，不得不继续交。到此，有的骗子会继续行骗，告诉你没有收到交费通知，问你是不是交错了号码，再给你一个新的手机号，重新交费。有的甚至还会进行第三步、第四步的行骗，在你没有见到人的情况下，骗到你识破对方是骗子为止。

也许有的人会觉得，美女楚楚可怜的请求实在不忍拒绝，即使被骗，也并没有损失多少钱。百十元的话费的确看起来并没有什么，但是骗子连续行骗，一张电话卡内预存的钱动辄成千上万。话费不能提现，有什么用?话费可以缴水电费,出售给企业、酒店便可以换取现金。得知这样的真相,你还能大度起来吗?

话费是保证现代人通讯的一种必需品,也正因为稀松平常,人们往往不够重视,这恰恰给了骗子行骗的机会。所以,当美女发出充话费、点卡之类的请求时,不要轻信,以免上当受骗。

4. 花篮托

特征:一般乔装成 40—55 岁的成功男士,以华南地区居多。

目标:遭遇情感波折(丧偶或离异),有一定存款的中年女性。

手法:一般自称有一定经济实力,并宣称丧偶,骗取单身中年女性的信任,对目标女性嘘寒问暖,经过较长的潜伏期,在取得目标的信任后,便称自己有新店开张或父母过生日,要求对方汇款买花篮。

相似的年纪、相仿的情感与生活经历,往往会让两个人惺惺相惜,即使在没有见面的情况下心都能走得更近,这是人类情感中柔软又美好的部分,可越是柔软的情感,越容易被人利用。

花篮托利用的便是单身的中年女性渴望被关怀的心理,编造与之类似的经历,或称丧偶,或称离异,并且将自己塑造成情感专一、待人诚恳的好男人形象,博取女性的同情、信任与情感共鸣。不仅如此,

第五章
识破骗局，给爱情加一层防护网

这类男人都宣称有自己的事业，有一个温暖的家庭，只不过事业和家庭都缺少一位贤淑的女主人进行打理。

他与你的交流仅限于电话或网络，但是会通过电话让你了解他的家人，甚至会让亲人、朋友与你通话，进一步骗取信任。这样的人一般会对你非常宠溺，温文尔雅地说些甜言蜜语，让你沉浸在幸福之中，觉得天上掉下馅饼，自己找到了一位事业有成又柔情似水的如意郎君，直到你放下所有的戒备心理，一心幻想着关于你们两个人的未来。

在未来还没到来之前，他的新店可能就要开张，或者父母就要过寿了。这时他才显露出真正的目的与动机，编造各种理由骗取你的钱财。比如新店开张，为了增添气氛要求你赠送花篮，并且将花店的电话给你，让你与之联系并且汇款。如果你这个时候表现出迟疑，他便会宽慰你，说本来想先打钱给你，但是开张之时有所忌讳，只能进钱不能出钱，等事情过去之后一定会把这笔钱还给你。钱汇过去后，他会告诉你收到了，但是亲戚朋友们都赠送8个或更多，取意吉祥，希望你能多赠送几个。父母过生日也是如此，一方面告诉你老人收到礼物很高兴，另一方面说全家人赠送的都很多，唯独你的不够。被幸福的情感包围着的女性此时往往已经失去了理智，不会再去仔细甄别这些理由中的漏洞，便会按照对方的意思将钱汇出，直至骗子消失，才能醒悟过来。

这类骗子的手段更加高明一些，而且肯花精力、时间，慢慢消磨掉受骗者的戒备心，但同时对受骗者的伤害会更深，因为他们不仅仅骗取了钱财，也骗取了感情。对于此类骗子大家要格外提高警惕，在对方提出任何钱财的要求时都要果断拒绝。

5. 金融托

特征：一般自称工作闲、收入高，是某地的"金融、证券、投资"工作者，多为男性。

目标：想轻松赚到钱的年轻异性。

手法：以投资基金、彩票等金融行业赚大钱为诱饵，主动献殷勤，称自己知道诀窍，保证能赚到大钱，以此博取对方的信任，从而进行诈骗。

好婚姻语录　"婚恋有风险，投资需谨慎"，爱情、婚姻都需要长期的投入，投入时间、精力、情感，亦会像股市、楼市一样投入金钱。

识别假身份

既然是骗子,就一定会弄虚作假,身份、信息都可能是假的,前面我们所揭露的骗局便是如此。在众多骗局之中,有几种特殊的身份需要格外注意,因为这些身份本身就带有相当的隐秘性,一般人很难判断出真假。

1. 假军人

军人拥有钢铁般的意志,是力量与忠诚的代名词,给人以无尽的安全感,让人产生依赖和信任。在相亲活动中,军人是非常受欢迎的一种身份,会得到许多女性的青睐。

也正是因为军人职业的特殊性和受欢迎程度,不可避免就会有人动歪心思,假冒军人身份进行相亲活动,最终的目的仍旧是骗取情感与钱财。

我们金凤凰是拥军单位,每年都会免费为部队军人举办相亲活动，也会遇到现役军人亲自前来征婚。专业的婚介所对前来征婚的人士都会核实身份信息，金凤凰对此更是格外谨慎。我的恩师就曾经是一位军人，我本人也多次接触过许多部队军官，对军人的特质有一定的了解，在遇到前来征婚的军人时也会对其身份进行留意。

前不久有一位军官想通过金凤凰征婚，军官证显示他的职务很高，气质特征也与军人相符。但是我仍然有些不放心，向他所在的部队进行身份核实，一切都核实过后，才放心帮他找对象。

这并非因为我胆子小，办事谨小慎微，而是因为军人的身份本身就带有一定的神秘色彩。有军官证就可信吗？未必。那该如何核实他的身份呢？如果通过网络相亲或聊天认识，对方声称自己是军官，即使他拿出军官证，也不能立即相信。军人的身份在公安系统、检察院

系统是查不到的，只能在他所在部队的政治机关进行核实。这对于普通人来说有些困难，但也并非完全不能查询，至少可以亲自去探访。

正是因为身份的特殊性，许多骗子才假冒军人招摇撞骗。也正因为难以识别，所以才要提醒单身人士们注意，网络相亲遇到军人身份要多留意，以免上当受骗。

2. 假高干子弟

与军人类似，高干子弟的身份也较为特殊，并且存在一定的隐秘性，不能在公安系统中轻易查询，因为这些资料都是保密的。

其实简单分析一下也可以想到，高干子弟由于身份的特殊性，是不可能通过网络进行相亲、恋爱活动的，更不会随意向陌生人披露自己的身份，就这一点来看，如果你"碰巧"在网上结识了一个高干子弟，对方还故意强调自己的身份，那么他肯定是假冒的，根本就没有必要再与之继续交往了。

我曾经便碰到过一个冒充高干子弟进行征婚的情况，对方是一名男子，自称高干子弟。想必他是做足了功课，有备而来，不仅说话头头是道，而且最重要的是他的相貌与真正的领导人的儿子十分相似，达到了以假乱真的地步。

我们一共见过两面，都是在饭局，第一次很匆忙，没有过多交流。在这位"高干子弟"身边陪同着一位政府官员，他肯定也是被对方的长相瞒过了，所以信以为真，对他十分尊重。而正是这位官员的信任给其他不明就里的人造成了更大的假象，让人们信以为真。

在第二次与他一起吃饭时，他聊到自己与前妻离婚了，想再寻觅一位贤惠的妻子，并且透露了前妻的姓名。我的戒备心理相对来说较强，即使相貌吻合、有人陪同，我依然对这样的口说无凭保持着怀疑的态度。这个人所冒充的那位真正的高干子弟的资料是被屏蔽的，经过多方查证我也没有找到，于是在了解到他前妻的相关信息之后，我便请一位朋友帮忙查询，结果得知他们根本就没有离婚，所以眼前这个人一定是骗子无疑了。后来我们找到了真正高干子弟的照片，通过照片的比对还是能够发现两者之间是有明显不同的，只不过见过本尊的人很少，才让骗子有了招摇撞骗的机会。其实骗子利用的就是这种信息的稀缺性。

3. 假华侨、假老外

在很多人眼里，华侨是一个含金量很高的身份，代表着优雅、高贵，在国外拥有大量的资产。的确有些华侨的人生、事业都非常成功，

第五章
识破骗局，给爱情加一层防护网

我们所能了解到的情况也正是基于那些事业有成的华侨，但是不能代表所有华侨的情况。

假华侨将自己的"信息"公布在相亲网站上，内容往往非常吸引人的眼球，他们会以思念故乡、喜欢传统的中国女性为由进行相亲，骗取女性的情感和金钱。

我曾经就亲历过一次冒充华侨相亲的案例，女主人公是我某位同事的一个朋友，40多岁的年纪，希望能找一个适合自己的伴侣。但是不知道出于什么原因，好几次的征婚活动这个大姐都没有来参加。过了一阵子，同事说大姐找到了自己理想的人选，是一位归国华侨，回国后从事电信行业，月入5万元，对这个大姐很是痴情。收入丰厚、待人诚恳、自信优雅、谈吐不凡，这些特质随便挑出一两个就已经符合金龟婿的标准了，更何况这样一个人对她苦苦追求，她怎么会不动心？

以我的经验来看，这样一个近乎完美的人本身就存在疑点，他对这个各方面都逊色于他不少的大姐这样痴心也并不正常，毕竟两人交往的时间并不长。古语云"无事献殷勤，非奸即盗"，虽然爱情有时候会让人冲动，但是他们毕竟到了成熟稳重的年纪，应该更加谨慎、理性才是。于是我与同事和大姐商量，希望能替她甄别一下、把把关，把这个华侨身份的金龟婿约到我们公司，也算与朋友们见见面，相互认识。约定的时间过了,我们在公司一直等着,却始终不见这个金龟婿的踪影,再打电话过去无人接听,最后干脆打不通了。大姐这才如梦方醒,辨别出了假华侨的真面目。

辨别假华侨的方法之一是他们的护照,但是能够拿在手中辨别的机会并不多。我们前面所提到的"花篮托"很大一部分伪装的身份便是华侨,他会不断告诉你,今天在哪个地方看到了一款包、一件首饰,买下来要送给你,又让他的亲朋好友与你通话,他"妈妈"会说给你准备了见面礼,是他们家的传家宝。感情升温之后,他就找各种借口让你送花篮、送礼物,或者代付机票等费用,蚕食鲸吞,骗取财产。

还有一种情况便是假的外国人,其实是中国的骗子,他们通过婚恋网站发布信息,伪装成生活在中国的外国人,他们寻找目标的途径和其他骗子一样,都是通过婚恋网站查询征婚信息,找到单身人士,然后用微信、QQ或国外的脸书等社交软件与目标聊天。这些"外国人"一般会在相册、朋友圈等地方贴出照片,照片中的他们都是形象很好、高鼻深目的帅哥,他们也会不定期地贴出家人、朋友,营造出一种其乐融融的真实生活场景,但这些图片大多都是在网上下载来的,用这样的身份行骗,简直是空手套白狼。

其实假老外非常好识别,因为照片可以造假,但是面容、语言、

第五章
识破骗局，给爱情加一层防护网

口音很难造假，有所怀疑之时，就提出与他语音聊天或者视频聊天的要求，如果对方支支吾吾不肯与你进行视频通话，那么十有八九就是骗子，可以果断地拉黑。

这种具备特殊"身份"的骗子还包括假企业家、假富二代等，无非都是帅气又多金、温柔又浪漫，恨不得全身散发着光芒的温良之人、理想中的完美伴侣。骗子之所以能屡次得手，成功骗到不菲的钱财，一则因为骗术高明，经过了长期的、精心的准备，二则因为相比怀疑，许多人主观的意识里更愿意相信这些人的"显赫身份"是真的，他们所说的甜言蜜语也是真的。

辨别这种骗子的一个方法便是看他是否会与你见面。通过网络平台相亲交友，面临的最大问题就是不能了解对方真实的情况，不能面对面进行交流，彼此进行缓慢细致的了解。所以网络相亲的时候既要与相亲对象有线上的互动，也要有线下的约会与交流，如果对方在网络上对你十分亲昵，聊天或者打电话也不含糊，却一直不肯见面，寻找各种理由推脱，这样的人基本就是骗子无疑了。

骗子懂得如何利用人的心理弱点，婚恋相亲中的骗子想要骗财骗色，首先要攻破你的心理防线，让你彻底放松警惕，陷入他伪造的这张情网之中，继而掉进陷阱无法抽身。他会绅士、礼貌地和你搭讪，了解你的兴趣、爱好、生活状态,与你的情感产生共鸣,一步一步锁紧你的感情,让你产生迷恋和依赖之感。人在晚上的时候是最放松也是最脆弱的,女人尤其如此,放下了一整天的劳碌、疲惫,回归到了真实的自己,骗子选择这个时间段与你聊天,很容易打开你的心扉,如果再能幽默风趣、口吐莲花,慢慢你就会放下戒备。你的情感绕进去了,对骗子其他不合理的言行和要求就很难再辨别出来了。我们都知道,养成一种习惯需要 21 天的时间,所以基本坚持聊天 20 天左右,你的戒心便被成功瓦解了,即使是警惕性高的人,坚持聊两三个月,心灵也难免被对方的诚意打动。

如果你提出见面,骗子会爽快地答应,等到约期临近的时候,或者到了约会时间,再告诉你临时有重要的事情走不开,下次一定会弥补,并且已经买了赔罪的礼物,就等着见面之后一并送给你。如此花言巧语一番,你心一软,他便蒙混过关了。

当然这并不代表乐于见面的就一定不是骗子,因为骗子不仅会骗财,还有可能惦记着你的美貌。见到本人之后发现其出手大方、风度翩翩,对你礼敬有加、体贴入微,这样的就不是骗子了吗?不一定。

相亲、恋爱最终都指向一个实实在在的结果,那就是结婚,如果一个男人想要与自己的女朋友结婚,就一定会积极地将她介绍给自己

第五章
识破骗局，给爱情加一层防护网

的亲朋好友。当网络中出现的这些"成功人士"与你见了面、确立了关系，你也不要轻易把他带回自己的住处，要带他去见你自己的亲戚，他与你谈恋爱，你也应该多带你见见他的朋友。不肯让你融入他的生活圈子，说明他并没有将你作为结婚的对象来相处，你除了偏听他的一面之词，根本无法深入观察、了解他到底是一个什么样的人，又如何做出正确的判断？

其实一个人伪装得再好，也不能做到万无一失，这些"高大上"的身份并非每个人都能驾驭得了。婚恋中遇到自称军官、高干子弟、华侨等身份的人时一定要格外留意，观察他的一言一行是否符合他的身份特征，观察他与哪些人交流得多，交流的内容是什么。只要是骗子，总会有露出狐狸尾巴的时候，所以在他提到有关钱的问题时，尤其是找你借钱或者让你送礼物，便没有必要留任何情面给他了。

> **好婚姻语录**
>
> 婚恋中遇到自称军官、高干子弟、华侨等身份的人时一定要格外留意，观察他的一言一行是否符合他的身份特征，观察他与哪些人交流得多，交流的内容是什么。

03 提防感情骗子

《红楼梦》中有这样一句话：假作真时真亦假，无为有处有还无。婚恋与情感亦是如此，真正可怕的是有时候真假难辨、是非难分。仅仅骗取钱财并不是一件可怕的事情，有一类骗子专门欺骗他人的感情。

如今网络中有一个流行的词叫"渣男"，指的便是那种自私自利、只会索取、不负责任、欺骗、玩弄他人感情的男性。渣男是骗子吗？也许他并不像前两节中所提到的那种有计划、有目的、有组织的骗子，不会费尽心机铺设陷阱骗人钱财，但是渣男三观不正、品行不端，对于女性来说，是一种更加需要提防的感情骗子。

为什么我在这里单单拎出"渣男"这个词，为什么着重提醒女性防范感情骗子？因为性别天然的差异，让女孩成为弱势群体，成为容易吃亏的一方，女性天生较男性更加敏感、脆弱，更具依赖性，所以更容易上当受骗。

其实无论是自由恋爱还是通过亲朋好友介绍、交友网站结识所发

第五章
识破骗局，给爱情加一层防护网

展的恋爱关系都有可能存在这种隐形的骗子，这与相识、交往的形式无关，关键在于这个男人的性格与品质。

在这个文化日渐开明、开放的社会中，婚前同居早已不再是新鲜事，但是在充分了解对方的心意与人品之前同居，女孩很容易吃亏。热恋的时候，女孩心中充满了幸福感，投入了太多的热情，很容易失去原有的理智，而且女性相比男性来说是更善于付出，也更隐忍，这就导致在一段恋爱关系中，女性受伤的概率要远远大于男性，倘若果真遇到渣男，恐怕会伤及元气，很久才能恢复。

现代人习惯在生活与工作中追求速度，恋爱、结婚也往往速成，其实这并非一件好事，即使十分笃定对方的人品和感情，也要让时间慢慢检验出一个人的优缺点，检验出一个人的性情和品位，检验出一个人是否值得信任、值得托付终身。

所以女孩们一定要学会耐下性子，无论你多爱他，无论他说他多爱你，无论你觉得你们的爱情多么坚定忠贞，都要多给自己一些时间考察这个人是否是理想的恋爱、结婚对象。不要急着发生亲密的关系，在恋爱不够长久之时，在你没有见过他的亲人和朋友，不彻底了解他的为人之时，不要急切地尝禁果。一个男人如果真心爱你，是不会让你为他做出牺牲的，也不会违背你的意愿而追求一时的快感，如果他爱你的表现就是迫不及待地想要得到你，这样的动机需要重新进行考量。

"巩固两个人的爱情，让彼此之间的感情向更亲密的方向发展，你们之间需要的是情感的纽带，而非人类的原始欲望。"也许有的女孩认为亲密关系能够增进两个人的感情，可以拴住对方的心，加快恋爱的进程，然而事实并非如此，轻易就能得到反而会让对方不懂珍惜。金凤凰设有心理咨询处，接触过各种各样的案例，曾经就有一个女孩，与男友同居一段时间后，男方提出了分手，这让她悲愤交加，觉得自己被玩弄了，甚至因此造成了心理阴影。在后来的几段恋情中她一直怀揣着这样的恨意，对自己也不再像从前那样珍惜，这对她的情感与生活造成了很大的困扰。与其面对这样糟糕的情形而悔恨，不如在最初保持原则与底线，不越雷池。

女性要懂得保护自己，热恋的时候，女孩的包里一定要备好避孕套，这不仅是我个人的建议，也是许多妇科医生的建议，他们从医多年，见过无数女性因为不够重视这一问题而导致的悲剧。相关教育的缺失让很多女孩对自己的身体没有清晰的认识，对亲密关系所带来的后果也缺乏全面的了解。准备避孕套，并非提倡女孩与恋人发生关系，但是情感丰沛的时候，无论是男性还是女性都很容易冲动，一旦怀孕

第五章
识破骗局，给爱情加一层防护网

就会变得很被动，如果最终发现这个人不能相伴走到最后，无论不合适还是不可靠，都会带来一系列棘手的问题。如果没有准备好结婚，没有准备好迎接新的生命，唯一的选择就是堕胎，胎儿在母亲体内，一切相关的后果只能由女性一人承担，不仅会给身体带来极大的损伤，还要承受心理压力和煎熬。并非身体健康就能抵挡这些伤害，就像千里之堤溃于蚁穴一样，稍有不慎，可能以后都很难再孕，甚至还会留下折磨终生的妇科疾病。我们所熟知的子宫癌，便极容易通过堕胎而引发。子宫是女性非常重要的器官，却是一个不容易被感知的器官，正因为如此，当发现有问题的时候，基本就已经是子宫癌晚期，很难挽救了。

任何一个不被重视的小细节都有可能演化成致命的伤害，没有人能代替你，除了你自己，也没有人能真正设身处地为你着想，关心你的安危与健康。 所以女性一定要懂得保护自己，小心谨慎，为自己的健康和未来负责。

当然意外怀孕的另一个选择便是结婚，在做好经济准备和心理准备之前嫁给一个自己并不确定的人，这样的仓促结合会为今后的婚姻生活埋下隐患。

结婚是恋爱修成的正果，是两个人郑重承诺的誓言，是传统的礼仪，是相守的约定，无论是男性还是女性，步入婚姻后都将告别自己的过去，迎来全新的生活。如此分析，结婚怎么能太过草率？

女性择偶要慎重，恋爱期间要对男朋友进行充分的、全面的考察，检验合格了才能放心地将自己的一生托付给他。男性为了追求你，恋爱时可以极度浪漫，可以花言巧语，可以费尽心机，但这一切都有可能仅仅是在讨你欢心而已。越在这个时候，越要保持清醒与理智，试着换一个旁观者的角度，客观地进行分析，考量他是否值得你嫁，是否能陪你走过今后人生中的快乐与艰辛。

古代有句话叫"谦谦君子，温润如玉"，这是中国古人对一位男性的最高评价与赞美，认为君子要拥有玉石一样的修养和品格。即使是现在，我们形容一个优秀、善良的男性，依然会用"温文尔雅""儒雅"等词汇。

"地势坤，君子以厚德载物"，女性考察一个男人是否具有君子的品格，是否是一位值得携手白头的人，最主要的便是要考察他的道德、人品与责任心，考察他的三观是否端正，是否与自己相一致。

前文中讲到了"渣男"这个概念，渣男为了满足自己的目的和欲望，是没有任何道德底线可言的，即使成家，心思也不会放在家庭上。我曾见过这样一个案例：一对夫妇，男人好色，平常的言行就有些不检点，

第五章
识破骗局，给爱情加一层防护网

后来为了霸占妻子的堂妹，竟然在炎热的大夏天里以爱之名炖高丽参等补品给妻子喝，且在炖的过程里加入了另一味不知名的药材，因为这样吃会吃出精神疾病，待到人们发现的时候为时已晚，他的妻子已经出现了不可逆的精神症状，再也无法恢复正常。这样的男人，毁掉的不仅仅是妻子一个人，还牵连着整个家庭，牵连着妻子的父母与亲人。

　　金凤凰的心理咨询处也遇到过许多类似的案例，前来求助的女性面容憔悴、身体孱弱，精神也往往处于崩溃的边缘，随时有失声痛哭的可能性。长久的、细碎的折磨的确能够击溃一个人的意志，让人心生绝望，生无可恋。人品差、德行差的人给身边的人带来的只有祸害，只有噩梦。一个男人如果连道德底线都能够抛弃，那么身为他的妻子，一定是最痛苦，也是最危险的。假如一个男人与自家的保姆有染，保姆有了身孕便想转正，这个时候女主人和她的孩子便是最危险的，保姆稍微心肠歹毒一些，随便在饭菜里动些手脚，便可以轻易扫清障碍。这种听起来十分可怕，看似只存在于宫斗剧中的情节，在生活中却有着屡见不鲜的现实版本。深圳梅林曾经发生一个案件，一个开算命馆的男人色诱了他的女客户，并且两个人同居了一段时间。当女客户知道他是有家室的人，便残杀了他才5岁的儿子。

还有一个四川籍的女人，她让老公回家把她16岁的侄女带出来深圳找工作，后来老公和她侄女发生了性关系，便把她侄女藏在东莞，等她侄女怀孕生子之后，这个事件才东窗事发。好多人觉得人品不重要，但当发生在自己身边才知道原来人品如此重要！

品德有多重要？它是一个人安身立命的根本，是人之所以称之为人的最重要的原因，所以它理应作为择偶的最重要标准。男性和女性均是如此，如果一个女人品行不端，娶进门后也会麻烦不断，闹得整个家庭不得安宁。

良好的人品，一定伴随着责任感。责任感是衡量一个男人是否靠

第五章
识破骗局，给爱情加一层防护网

谱的另一条标准，无论是恋爱还是婚姻，男人不负责任，都会导致关系破裂，甚至酿成悲剧。生命长久，生活温馨，男人宽阔的肩膀、温暖的掌心，能够给女性带来无尽的安全感。爱人、伴侣、夫妻，无论哪一种身份，都代表着亲密无间的关系，与你如此亲密的一个人，能否与你患难与共，能否时刻为你着想，是你是否应该选择他的条件与标准。

男人没有责任心，也许较为平常的表现是生活的困顿，不能为妻子、孩子、家庭创造出较为优越的生活环境，而极端的则表现为对家人的漠视，对爱人身心健康的不关心。我之前接触过一位前来求助的女性，她怀孕期间身体比较脆弱，老公欲求不满，便到外面寻花问柳，染上了尖锐湿疣，后来又将疾病传染给了她，此时的她已经有整整八个月的身孕，不得不选择堕胎。胎儿几乎已经足月，可想而知其中的艰难，与生产没有什么区别，还要承担更多身心的痛苦。堕胎导致她终生不孕，并且尖锐湿疣这种病无法根治，也要像噩梦一样跟随她一辈子。这样的男人就是不负责任，没有尽到一个丈夫应有的义务，不珍惜家庭，害人亦害己。

婚姻不是爱情的终点，而是丰硕人生的另一个起点，所以婚姻和恋爱一样，需要磨合期。两个人结合，告别了恋爱时不太实际的风花雪月，面对平淡日子里的柴米油盐，在恋爱中因为想给对方留下好印象而隐藏起来的缺点也会慢慢暴露地一览无余，这个时候能否一起坚守这份平淡，能否包容对方的缺点，决定了今后生活的幸福程度。磨合期也最能检验一个男人是否有责任心，当最初的激情褪去，他是否能以妻子、以家庭为重，是否能一步一步兑现当年热恋之时许下的全部承诺。磨合期至少需要一年的时间，在此期间不要怀孕，等两个人过了磨合期，真正理解了婚姻中的责任再去迎接新的生命，体验初为人父母的喜悦。

责任心不仅仅是对妻子、对家庭，做任何事情都需要强烈的责任心，包括孝顺父母，也是在尽自己的责任。一个男人连自己的父母都不爱，连父母的养育之恩都不肯尽心报答，他又如何懂得去爱其他人？

"天行健，君子以自强不息"，君子都有着高远的理想与追求，即除了责任心之外，还要有事业心。有事业心并非有事业，毕竟性格、机遇、环境不同，每个人事业的发展状况也不尽相同，即使从事同样的行业，有人能够腰缠万贯，有人却不见起色。这些都没有关系，关键要看这个人是否肯花费时间与精力去经营自己的事业，是否肯踏实认真地工作，不一定要大富大贵，但一定要有安身立命的本领，哪怕只有一亩三分地，过平平淡淡的日子，也要努力、上进，不游手好闲、好吃懒做。对于男人的事业不需要过分挑剔，也许他年轻，没有足够的资金与经验，但只要他的心是积极的、上进的，暂时的困厄便不再是阻挡恋爱、结婚的借口。

在这里我所说的提防情感骗子，是在说选择恋人、伴侣时要保持头脑理智，保持心明眼亮，以免自己倾尽所有感情、投入全部精力之后，发现对方不符合自己的想象，或者发现对方并没有那么爱自己，甚至身心受到摧残、伤害，此时再悔恨，为时已晚。

当然，每个人在选择另一半时都有自己的标准，但这些标准之中有一些是核心，是关键，是非常重要的，而另一些则偏向个人审美，每个人都不一样。其实人的优秀品质无非几点，除了上述的品德、责任感之外，软件还有温柔、幽默、细心等，硬件还有高大、帅气、多金等，这些条件是参考标准，因人而异，可以有一定的变通。

好婚姻语录

当然，每个人在选择另一半时都有自己的标准，但这些标准之中有一些是核心，是关键，是非常重要的，而另一些则偏向个人审美，每个人都不一样。

04 你的幸福最重要

恋爱和婚姻都是人生中的大事,因为重要,所以必须认真、郑重地对待。在对的时间,怀着对的心情,遇到对的人,相爱相守,组成家庭,白头偕老,这样的画面不知令多少期待着恋爱、期许着婚姻的人心生羡慕与向往。

并非每一个人都能依靠等待迎来自己的爱情与幸福,由于生活环境、工作环境、交友圈子的差异,很多人苦苦追寻也难以找到理想中的爱情,于是便有了我们时常可以听到的"剩男""剩女"的称呼,也时常可以看到因父母催婚安排相亲而闹出一系列风波的新闻。

在提倡自由恋爱的现代社会,其实相亲和介绍依然是男女婚恋的一种重要方式,但是亲友介绍、父母安排、网络平台、电视节目以及婚姻介绍所等众多途径有着各自的特点。"术业有专攻",就专业性来说,正规的婚介所有着自己明显的优势。

前文中已经分析过网络平台相亲活动中存在许多隐患,留给骗子很多可乘之机，而电视节目为了追求节目效果和收视率，弄虚作假的成分也很大。再者便是亲友介绍了，亲人介绍的话一般会先告诉你的父母，征求他们的意见之后由双方父母来安排见面的时间、地点等；如果是朋友介绍则会直接告诉你，或者以三两个好友聚会的形式约出来见面。

那么亲友介绍与婚介所征婚有什么区别？

亲戚朋友在介绍两个人认识的时候一般只会说双方的优点，因为彼此产生好感才可能会有进一步交往的打算，所以缺点要在相处中慢慢发现。但是到婚介所征婚的人会将自己的真实情况都说出来，一些隐秘的、不愿启齿的问题也会说明。其实正规、有实力、有规模的婚介所的咨询师都有着心理咨询师的资质，心理学是他们必修的课程，这让每一位咨询师都有着一双能够洞察细微的眼睛，在询问咨询者个人真实状况的同时，也会让他们尽量细致、全面地说出自己的要求。通过这些信息，甚至通过他们的谈话和眼神，分析其内心的真实需求，以便做到最有效、最合适的匹配。这就像一个病人，只能说出来自己哪里不舒服，但是医生却可以根据他的种种病情找出病因，对症下药。

金凤凰在婚姻咨询方面有超过20年的经验，也正是因为我们足够专业，并且不会像亲戚朋友一样与咨询者有情感上的牵系，所以向我们诉说内心的需求并不会尴尬。其实客户前来征婚，一定希望婚姻咨询师能够迅速地读懂他，了解他真实的诉求，所以往往会开门见山地提出自己对另一半的要求，也会详细地说明自己的身体状况、经济状况等。

金凤凰有一位女性会员叫冰香，36岁，离异，带着一个孩子。她的综合条件相当不错，自己有房有车，独自经营一家小加工厂，这样年龄并不算大，有稳定收入和经济条件较为优厚的女性其实是很受欢迎的，想找到一位与之实力相当的伴侣并非难事。但是她却说自己想找一位斯文一些、身材瘦小一些的先生，年龄不是问题，比她大15岁甚至更多都没有关系。一般来说，年龄要求较为宽泛的时候肯定会对对方的经济条件有所要求，然而这位女士并没有。于是我们的咨询师

第五章
识破骗局，给爱情加一层防护网

便问她，是不是有一些身体方面的原因？

于是她说出了自己的顾虑，她的上一段婚姻中，男方的性需求比较强，而她的体质较差，对性生活需求不大，虽然只有30多岁，可是已经到了更年期。为此与前夫之间出现了隔阂，后来无意中发现前夫有了外遇，矛盾不断升级，最终以离婚收场。

相信如果亲朋好友给这位女士介绍男朋友，一定会更多地考虑她的经济状况，这样的隐私恐怕外人是难以知晓的，她也不会讲出来，如此必定难以寻觅到理想中的伴侣。但是我们可以听出她的弦外音，一对一沟通交流的时候，听到她的要求，比自己大、斯文、瘦小，不介意财产状况，第一反应便是她可能在性生活方面有恐惧、有障碍，这是婚姻咨询师多年经验积累的结果。在了解了她的情况之后，我们便能够有针对性地筛选征婚者，帮她找到最合适的人选。

其实夫妻生活不仅仅是柴米油盐搭伙过日子，也要追求各方面的和谐与稳定，性生活是其中之一，是维持夫妻关系和谐的一个重要方面。很多人离婚的原因，就与此相关。如果一位离异的男士前来征婚，希望找一个身材匀称丰满的女性，那么他的潜台词便是想找一个在这方面欲求正常的人。

婚姻咨询师会对前来咨询、征婚的人进行专业性的分析，能充分了解他们的真实需求,然后根据这些需求再给他们匹配最合适的对象。

每个人都在追求自己的幸福,都在期待着好的姻缘。幸福不是物质的丰厚,不是表面的风光,而应是内心深处泛起的细小的温暖,这种温暖,只有对的人、合适的人、真正懂你的人才能给予。你的幸福最重要,比对恋爱的顾虑重要,比对婚姻的恐惧重要,比以何种方式结识你的爱人重要,比他人的评价与眼光重要。只要你在追求幸福的路上前行,别的一切都会为你让路,而我们所能做的,便是带你踏上一条属于你自己的幸福之路。

好婚姻语录

幸福不是物质的丰厚,不是表面的风光,而应是内心深处泛起的细小的温暖,这种温暖,只有对的人、合适的人、真正懂你的人才能给。

第六章
锻造婚姻

01 剩女是怎样炼成的

2016年的贺岁档有一部爱情电影名叫《剩者为王》，听名字也能猜到一两分的内容，便是与当下流行的"剩男""剩女"话题有关。影片讲述的是一个35岁大龄女青年的故事，女主人公聪明、漂亮、学历高、能力强，是一个优质的单身女白领，她事业顺遂，情感生活却一直空白，亲朋好友为此操碎了心。

在欧美国家，女性30多岁结婚并不鲜见，甚至年过40结婚都不会遭受非议，西方的文化与社会给予了大龄女性极大的包容。但是在中国，三四十岁的女人仍然单身便听起来有些不可思议了，"剩女"这个词便由此而来，特指那些过了社会一般所认可的适婚年龄仍旧没有结婚的女性，一般到了二十七八岁就已经在剩女的边缘徘徊了。

正如《剩者为王》的女主角，剩女一般都是较为优秀的女性，通常拥有高学历、高收入，大多还拥有较为出众的长相，却由于各种原因而被"剩下"，无法找到理想的归宿。

第六章
锻造婚姻

那么剩女是怎样炼成的呢？就我所接触的人群和从事婚介工作的长久经验来看，剩女之所以难以找到另一半，在合适的年龄没有步入婚姻的殿堂，大致分为三种情况。

第一种是女性太过强势。

强势是一种性格特点，但是这种特点有时候可以渗透到生活、工作、言行举止、思维方式等各个方面，成为一种习惯，甚至成为一种本能。雷厉风行、说一不二的人，即使进入全新的环境，依然能在最短的时间内做到出类拔萃。

这样的女性一般都比较成功，事业心强，起码在物质生活方面已经做到了优越，房子、车子，该拥有的基本都已经拥有。强势的女性骨子里都有一股倔强、不服输的英气，当她的能力越来越强的时候，性格、信念中的一部分也会越来越接近男性，这对她的事业发展有利，对于感情却往往是减分项，因为一般的男性根本 hold 不住，即使与之旗鼓相当，相处时也仿佛会矮下几分。我曾见过一位事业有成的女性，形象气质都不错，但是她干练的气场总是给人一种强硬的压迫感，让人不敢接近。人的精力是有限的，当一个人的精力和热情全部投入事业之上，往往很难挤出闲暇时间花费在甜言蜜语、依依不舍、朝思暮想这些浪漫事情上，一个女人将自己年轻时的热情倾注在工作中，慢慢磨砺出了男人的品格，会失去很多女性的特征，失去女人味，失去小女子的韵味。

这样的女性找男朋友或者征婚，也会像工作中那样条理清晰、目的明确，一条一条列出条件、标准，按图索骥，觉得自己有了充分的物质基础做准备，时间和精力都合适了，该找一位伴侣一起生活了。

我做过调研，发现成功的女性在择偶的时候很少变通或者妥协，固执地坚持自己的标准，认为自己就应该匹配这样的条件。这是强势女性的惯性思维，在面临同性的竞争时，她看到的通常只是自身的优势，看不到缺点或不足之处，说得更加直白一些，情商相对于智商来说低了一些。

比如一位男性在追求有房有车、经济条件比较好的女性时，可能花五六百元请她吃顿饭，女性会觉得理所当然，甚至觉得花钱少了。可是当他与经济条件一般的女性交往时，女孩会认为有些破费，会真心地说"谢谢"。我并不是在说请客吃饭多少钱合适的问题，而是在说这种情况下一位女性应该具备的情商。他请你吃饭，无论是豪华大餐还是家常便饭，保持感恩的心和礼貌的态度是非常重要的，经济实力并不能代表爱的程度，感情也不是一分价钱一分货。

第六章
锻造婚姻

男人无论身家多少，大部分对妻子的期许都是温柔、体贴。越是成功的男性，越想找一位顾家的贤惠太太，反而事业心重的女性并不是他们理想妻子的人选。毕竟两个人都追求事业和财富，没有人顾及家庭，便会使家庭缺失本应拥有的温暖。男人想当王，就要找个想当相的女人，反之亦然！

刚刚提到的案例是我们遇到的真实情况，来自一位男性客户。面对两个经济条件不同、反应也不一样的女性，他最终选择了肯说"谢谢"的那一个。我问他为什么，他的回答很真实：虽然第一位女孩各方面的条件都比较突出，但是比较挑剔，让人感觉有压力，两个人虽然不用担心经济方面的问题，但是婚姻毕竟是过日子，要一起生活一辈子，还是需要温馨一些。而第二个女孩在点餐时生怕浪费，不让多点，她的身高、长相、学历虽然并不出众，但是很适合做妻子。温柔、节俭，懂得持家，脾气性格也好，自己事业忙的时候，她可以为家庭多付出一点，老人、子女交给她比较放心。

对于这位男性来说，他见到了两种不同风格的人，心中有了比较，除了对女方各方面条件的考察之外，也会注重内心的感受，选择与自己更具心灵契合度的人作为牵手一生的伴侣。男性选择妻子有着多重选项，我曾经接触过一位家底深厚的服装设计师，他时常夸赞自己的搭档非常优秀，两人工作配合十分默契，可是当被问起是否会选择她做妻子时，这位设计师却摇了摇头。他欣赏自己的搭档，也佩服她的才气，可是只能作为工作搭档、合作伙伴，如果做妻子，总觉得欠缺点什么。

欠缺什么呢？女性特质。强势的女人之所以会被"剩下"，不是缺乏追求者，而是少了女性天生的特质，女人不仅需要坚强、刚毅，更需要如水的温柔、如风的笑靥。

聪明的女人懂得利用自己的优势，那么女强人的优势是什么？是能力、眼界、心胸，是骨子里的坚韧，是超脱平凡的优秀。这些有用吗？当然有用！一个能够自己造血的女人，一个在遇到丈夫之前就能将自己打理得井井有条的女人，可想而知她会在事业上、在决策上给予另一半多么大的支持和帮助，在遇到困境时两个人也可以并肩携手共渡难关。这是她的优点，是她身上闪光的地方，当然要将其放大。但是有时事业中的优势，反而会成为恋爱中的弱势。如果想要获得幸福的婚姻，就要对自己进行不断的调整，将自己调整到适合婚恋的状态和角色之中，放下工作中的苛刻、严厉，放下紧紧束着的发髻，放下颐指气使的架子。

每个人都有着多重身份，比如我，在外时也会为自己的事业打拼，常常被人们戏称为"女强人"，可是回家后，我是一个妻子，一位母

第六章
锻造婚姻

亲,每天出门、回家都要进行这样的角色转换。每一位女孩都是这样,工作时拼尽全力,恋爱中就卸下利刃和盔甲,回归女人味,回归女子心态。调整心态便是在进行角色转换,期许一位疼爱自己、呵护自己、能够共度余生的先生,是寻找到真爱的第一步。

其实事业成功的剩女是不缺乏智慧的,她们缺乏的只是对婚恋的关注度,没有耐心像经营事业一样经营自己的爱情与婚姻。我接触过很多这样的剩女,有的我简单讲一讲,她们便明白了我的意思,知道自己的问题出在了哪里,该怎样对自己的心态进行调整。心态对了,路才能走对。

事业成功的剩女可以分为两种:一种是通过个人的努力在以男性为主导的商业社会中分得一杯羹,打拼多年却忽略了个人的幸福,不断忙碌,耽搁了自己的婚姻大事,才变成了"剩斗士";另一种是情商比较高,懂得利用自己的女性特质,由此赚得了人生中的第一桶金。第二种类型的女性不完全属于"女强人",她们的美貌、魅力、妩媚胜过一般的女性,高智商、高情商,懂得如何把握机会,也懂得如何借助男人的力量。青春之时,踩着男人的肩膀走了捷径,今后的日子里可能或多或少都会与这个男人有着藕断丝连的关系,可能是爱情,也可能是其他的,可是这样一个不会或不能娶你为妻的男人,可能要耽误你的婚姻与幸福。

我们曾经接待过的一个小有成就的美女便是如此,她年龄不小了,情路并不算顺利,那个对她的事业扶持有加的男性一直没有与她结为眷属,如今她想要放弃这段感情,也是为了自己的事业与幸福,可是这个时候想斩断这一段过往开始新的生活与感情,却并非想象中的那么容易。

其实男人肯帮一个女人,尤其是一位年轻貌美的女人,那么他多多少少是带有一定的目的性,多多少少有所图谋的。身为女人不能想当然地将对自己有所帮助、有所扶持的男性想象得太圣洁,也不要因为感动而与之关系过于暧昧。女人本性中的柔软使得自己很容易被打动,对于对自己有恩之人,无以为报了便以身相许,无论是在爱情故事中还是现实生活里,这样的桥段都不鲜见。报答一个人有很多种方式,并不一定要以自己为代价,否则赌上的可能是自己终生的幸福。爱情与婚姻要建立在心灵自由的基础之上,是发自内心的关爱、信任对方,带有交换性的目的,只能给爱情蒙上一层难以言说的罪恶感,一种灰暗的压抑情绪。

与"硬汉式"的女强人不同,这样的女性对男人的依赖性较大,如果一直不能自食其力,当青春不再,容貌老去之时,很难找一位忠厚老实之人,抓住幸福安稳的婚姻。但是这样的女性也有一定的优势,

第六章
锻造婚姻

即情商比较高、可塑性较强，懂得如何正确与人相处，如果在时机恰当的时候抛却过去给自己寻觅一份稳定、实在的感情并非难事。

第二种是择偶条件过高。

一般符合第一种特征的剩女都符合第二种特征，因为自身的条件很优秀，自然希望找一位更加优秀的男人，或者至少在经济与能力上能够与自己旗鼓相当、势均力敌。自己有50万的车子，就想找一个开80万跑车的男朋友；自己有价值300万的房产，男朋友的房子就要价值500万、1000万甚至更多……同样经济水平的男女二人，女性一定相对强势，难以被对方驾驭。

还有另外一类女性，自身的硬件也很好，相貌、身材、学历、经济条件都处于中等偏上，但是她们并不满足找一位同样水平的男朋友，而是将标准定得非常高，高得已经不像是在寻找伴侣，而像在寻找偶像。

我手中便有这样一个案例，这个女生30岁了，海归，形象气质均佳，自身条件相当好，她到我们这里咨询，想找一位理想中的如意郎君。在询问详细的征婚要求的时候，我们得知她在深圳市南山区有一套房子，希望找一位经济条件优渥的男性。其实按照她自己的经济实力推测，这样的房产一个人肯定应付不来，当中应该有父母的资助，她是家中的独女，父母倾尽全力帮忙也并不奇怪。我们为她匹配了一位关外的相亲对象，有车有房，但被她拒绝了。原因是对方的房子在关外，她的房子在关内，显然男方的经济水平不是她理想中的标准。

这位女性在银行工作，平时接触的客户都是富豪级别，在找男朋友的时候，潜意识中便按照这样的类型去找，比如自己的房子是120平方米，那么对方的房产面积一定要大过自己，至少140平方米，而140平方米的房子就已经符合豪宅的标准，需要征税了。她见惯了富豪，找老公也按照富豪的标准用房来衡量，那这是要嫁给人还是要嫁给房子呢？

其实每个人的理财观念都不尽相同，对房产的看法也不一样。我认识一位钻石级别的富豪男性，他早年在国外发展，养成了一个理财观念模式，即从来不买房，资金大多用于投资，保持现金的流通，很少转化为固定资产。我与他有十几年的交情，时常劝他买房，可是他买了之后，大多很快就转手卖出去了。像这样一位风度翩翩又潇洒多金的男人，以那位海归女的标准来看也是不合格的。硬性标准太死板，无形之中，自己可能会错过许多机会，眼光太高，太过挑剔，条件平庸的看不上，条件优渥难以企及的又看不上自己，结果挑来挑去，耽误了自己的青春与幸福。

第三种是自己没有主见，对父母言听计从，择偶标准也完全是父

第六章
锻造婚姻

母的意见。

这种情况非常糟糕。一个人生活在世间首先是独立的、自主的，有自己的志趣与追求，不被他人左右。爱情是自己的，婚姻也是自己的，幸福与否在于自己的追求，在于自己的体会，无论父母多么想感同身受，他们也只能站在岸边目睹你远游，游得轻松还是疲累，他们都无法代替，如果听任他们的指挥摆动自己的手脚，可能连姿势都无法掌控，面临被深水吞噬的危险。

我们将一个人成长的家庭叫作原生家庭，原生家庭中最重要的成员便是父母，也就是对我们的教育、性格、能力影响最大的人。原生家庭是我们每个人生命与生活的起点，一生之中，无论走到哪里，都会带有明显的烙印，这是好事，提醒我们自己的源头与根基所在，在疲惫劳累的时候，知道有一屋温馨的灯光在远处守候。但是原生家庭有时候也会造成障碍，现在很多年轻的80后、90后便是如此，他们习惯了父母宽大羽翼的庇佑，无法自立，缺乏胆识和魄力，缺乏自己的主见。

在我所接触过的80后、90后的恋爱婚姻状况中，分手、离婚率最高的便是那些生活不能独立，受父母影响较大的人，其中有父母的直接干涉导致的分手，但绝大部分是两个人相处的模式存在问题，矛盾激化，导致爱情与婚姻的解体。

现在很多年轻人从出生开始，人生道路就是由父母铺设的，上学、工作、生活甚至相亲都经由父母安排，缺乏独立性。爱情与婚姻都需要担当与责任，需要两个人精神与经济的独立，所以我建议年轻人在完成学业、开始工作后就脱离自己的原生家庭，寻求一片独立的空间，与爱人步入婚姻，更要维持好自己的二人世界。可以与父母住得比较近，但一定要分开，即便在同一个小区，两套房子也要有一定的距离。

　　我接触过太多父母过度照顾导致夫妻婚姻不和的案例。有个朋友，年纪轻轻就已经是局级领导，经常出差，婚后生养孩子，女方的父母便跟过来照顾女儿。女孩一家是山东的，北方人喜欢吃面食，比如面条、馒头之类，但是他是个地道的南方人，有点吃不习惯，于是经常在单位吃完饭才回家。这看起来是件小事，但是就是这样一件细微的小事，可能会对两个人的感情造成影响。他在家时间少了，自然沟通就少了，久而久之，便埋下了隐患。好在这位朋友情商高，处理问题也比较理智、圆融。

　　另外一个案例中的男主人公就没有这么幸运了，他的妻子自小在深圳长大，而他却不是本地人，于是便由女方的父母照顾他们的饮食起居，这让他很压抑，觉得自己像个上门女婿。其实无论是男人还是女人都是如此，独自一人面对对方的全家人，多多少少会不习惯，觉

第六章
锻造婚姻

得自己像个外人,有了这样的感觉,就容易积累下矛盾。

父母过度照顾下的孩子都比较自我,不懂得付出,但是恋爱、婚姻中最重要的就是相互付出,相互包容,把自我转换为对对方的爱。调查发现,对父母依赖程度越高的年轻人越容易出现婚姻危机,其中的原因就是太以自我为中心,不肯付出,不肯妥协,稍微有一点矛盾,就牵扯出一堆问题。其实恋人、夫妻间的吵闹有着自我愈合的空间,父母的横加干涉只会让问题更严重。

剩女一词从刚刚诞生之时的略含贬义,沿用至今已成为了一种调侃,甚至是一种自我嘲讽。在我看来,剩女只不过是在追求爱情与幸福的道路上花费了比别人更多的时间而已,整理好自己的心情,做好充足的准备,剩女亦会迎来满满的幸福。既然年龄已形成一种障碍,那么就不要再给自己增加障碍,把周围的墙砌得越来越高,本来可以看得到的幸福,也会被高墙阻隔,无法触及了。

> **好婚姻语录**
>
> 父母过度照顾下的孩子都比较自我,不懂得付出,但是恋爱、婚姻中最重要的就是相互付出,相互包容,把自我转换为对对方的爱。

02 剩男的故事

"剩男"是与"剩女"相对的一个词,指年过30岁依然保持单身的男性。

有这样一种说法,剩女大多优质,而剩男则多为"屌丝",为什么?在传统的观念里,男性大多希望找一个比自己弱一点的女性,作为女性也希望另一半比自己要强,按照这样的一种分配模式,最后能剩下的只有最优秀那一部分女性和最落魄的那一部分男性了。如此一来,似乎而立之年仍未成家的男人注定要打一辈子光棍。

然而现实生活中的复杂程度,岂能用这样一种简单的模式轻易概括?和剩女一样,剩男之所以会被"剩下",也有着各种各样的原因。

第一类是"完美主义者",自身的条件比较优秀,事业有成、收入不菲,对另一半的要求比较高。与女强人式的剩女不同,这类男性的高标准往往只在于女性本身,关注点在学识、性格、相貌、身材等,而非外在的房子、车子。追求完美主义的男性更在乎内心的感受,排

第六章
锻造婚姻

除了物质，向往灵魂的契合，如此一来，眼光就会变得有些"挑剔"，标准也会定得相对较高。

金凤凰曾经有一位客户便是这样，他独自打拼事业多年，一直未婚，是许多年轻貌美的女性心目中理想的钻石男，他来征婚，希望找一位温柔美丽、个子高、身材好的伴侣。我们按照条件筛选，为他匹配了一个女孩，女孩高挑纤瘦，各方面都比较优秀。两人交往一段时间后，他却有些受不了，因为女孩子脾气秉性与他有些不合，与他说话时颐指气使，喜欢用要求式、命令式的口吻，像军官、像指挥员，让他感到非常不舒服，如果娶进家门后天天这样，岂不是要把人逼疯？这样一来二去，他起初的热情便消退了，最后还是希望找一位温柔的妻子。

其实越是成功的男性，可能在选择妻子时传统的观念越强烈。商场如战场，有厮杀拼搏，有起落沉浮，他们需要有人给予自己心灵上的支持与鼓励，需要一个温暖的港湾，疲累的时候可以依靠、可以休息。同时又希望妻子拥有智慧，起码与自己拥有共同语言，甚至在关键时刻能够给自己提醒和帮助。美貌与智慧并存，脾气性格又温润如玉的已经不再是"女生"，而是"女神"，谁不爱女神呢？女神是可遇而不可求的，所以完美主义者们本着宁缺毋滥的原则苦苦寻觅，在寻觅过程中，不知不觉便到了剩男的年龄。

第二类是痴情型的男性，或年轻时追求一位女子，苦求不得，或在爱情之中受过伤害，不肯或不敢走入下一段恋情之中，慢慢便错过了合适的年龄。其实男人的心有时候比女人还要脆弱，只是男人受伤之后大多无处倾诉、宣泄，只好等待时间掩盖过往、疗愈伤口，有的可能需要几个月，有的却需要好几年。伤心可以治愈，但是曾经爱过的人却无法忘记，他们在对恋爱的恐惧中，在对曾经爱人的思念中，甚至在痴心的等待中，成了大龄男青年。

第三类是"花花公子"型。不得不承认花心的男人是存在的，而且不在少数，见到貌美的女孩就心动，死缠烂打，穷追不舍，但是相处没有多久心中便感到厌倦，或者遇到了更加年轻漂亮的，转身又去大献殷勤了。前文中提到过渣男，花心便是其典型的一个特点，对待感情态度随意，不能给女孩安全感，不能承担起组建家庭的责任。

还有一种男性并非生性花心，但是为了图新鲜也会频繁更换女朋友，心中惦念着找一位合适的女孩结婚生子，过幸福平淡的日子，可是选来选去，总觉得合适的人已经错过了，想看看有没有更合适的，寄希望于下一任，如此，便更难找到心中的真爱。

另外有一种更加复杂的类型，就是受原生家庭影响较大的男性。由于一些特殊的童年或青少年时期的经历，使得他们在择偶的时候标

第六章
锻造婚姻

准较为独特，往往表现出一种直观的或变相的恋母情结。

金凤凰曾经接手过这样一个客户，他是某家银行的行长，名副其实的钻石男，他只想找到心目中的爱情，希望找一位温良贤淑的妻子。从交谈中我了解到，他对爱情的态度非常忠贞笃定，如果爱上一个女人，即使对方有过婚史、带着孩子他也能够接受。可能因为他是男性，不习惯吐露自己的心声，在婚恋咨询的过程中，他似乎隐瞒了一些信息。

像他这样的经济条件，绝对不会要求女方有房有车，脑海中根本就不会有这样的概念。可是当我给他介绍一些长得漂亮，有才学、有知识的女孩时他也并不热心，他解释说这样的女生条件都很好，但是容易心高气傲，端着架子，谈恋爱的时候会很累。

斟酌良久，我们才给他匹配到了比较合适的人选，一位浙江的女孩，典型的江南水乡的小家碧玉，温柔又灵动，聪慧又清新，他们交往了一段时间，发生过亲密关系，可是感情却一直淡淡的，不温不火。

在这段恋情中,男方并不主动,相处时一些言行、措辞也不走心,常常给女孩带来无意间的伤害,这让原本灵动活泼的江南小女子有些受不了,恋情不得不以分手而告终。

他来找我谈,显然并不知道浙江女孩受到伤害的消息,他得知后有些震惊,责备我没有告诉他。"可是我并不知道你想找一个什么样的人,我有些读不懂你。"无计可施之后,我如是说。

经过这次我才了解到他的心结,原来他想找一个上海女子,可能他对上海女人的理解一直停留在传统的文艺作品中,像电影《花样年华》中穿着修身旗袍,走路轻摇慢曳、说话轻声细语的张曼玉。慢慢地我才知晓,他的母亲便是一个上海女人,在他的原生家庭中,母亲很早就去世了,留给他的回忆不多,他的父亲后来再婚,做金融,家底丰厚,所以他从小也算养尊处优,唯独母爱是缺失的,于是上海女人这个印象便深深刻在了他的脑海中,成了一种情结、一种情愫。

得知这一情况之后,我们花费了一番力气,为他成功匹配了一个上海的女孩,他非常高兴,专程赶往上海,与女孩相处了一个月的时间。可是回来之后他却对我说,再也不找上海女孩了。一个月内,简直是天翻地覆的变化,在他亲自经历之后才了解到,对老上海那种知性、优雅女性的印象有些过时了,在发展变化如此迅猛的上海,姑娘们不

第六章
锻造婚姻

再身着旗袍去听歌剧、看电影，而是打扮得简洁干练，在职场中与男人一样热血拼杀。母亲留给他的回忆是温馨的、美好的，像遥不可及的梦境，像无法触摸的剪影，只能留在心底回味，无法还原成现实了。

这样一个钻石男，外表看起来强悍多金，有着呼风唤雨的能力，但是他的内心世界非常细腻复杂、脆弱敏感，在他处理好自己与原生家庭的情感牵连之前，在他彻底放下自己的过往与秘密之前，很难让自己成功融入一段真挚的感情之中。这就使他看起来有些不负责任，像是在游戏人生，与女孩发生了亲密关系，但是却不肯承诺给她婚姻与幸福，走到最后一步只会选择逃避。其实他自己也非常害怕，害怕自己失望，找不到理想中的爱人，也怕给他人带来伤害，就这样怀着矛盾的心态慢慢寻找，找到可以解开自己心结的上海女人了，却又因为打破了自己的期待而最终放弃。

这样的男人之所以会成为剩男，最主要的原因便是自己的择偶标准有着重重的限制，给自己带来无限的疲累。后来他落户到了香港，但是仍长期生活在深圳，希望找一个南方的女孩，一起组建家庭。

好婚姻语录　女神是可遇而不可求的，所以完美主义者们本着宁缺毋滥的原则苦苦寻觅，在寻觅过程中，不知不觉便到了剩男的年龄。

03 婚姻连接人的三次生命

无论是剩男还是剩女，无法找到另一半的很大一部分原因都在于自己，在于自己的心态与标准，过于挑剔，过于自我，过于心高气傲，对爱情又期待又抗拒，对婚姻的态度更是五味杂陈。如果你的择偶条件筛选到最后是把自己剩下，那么就要改变一下自己对爱情与婚姻的认知了。

人一辈子要经历三次生命。第一次是出生，离开母亲身体的庇佑，初降人世。降生在什么样的家庭，父母是什么样的身份，自己无从选择，也许有美丽的容貌，也许有傲人的智商，也许有富贵的家世，也许仅仅是草根家庭，甚至要面临穷困与饥饿。缘分至此，上天给的，无法改变。第一次生命决定了出身背景，决定了教育模式，影响了人的眼界、思想与今后的发展。

随着年龄的增长、阅历的增加，人便迎来了第二次生命：成家立业。这当中包括两个方面，一是事业，二是婚姻。这是奠定人生基调的两

第六章
锻造婚姻

个部分，影响着人生走向，左右着未来的幸福。年轻的时候喜欢浪漫，希望有一个爱自己、懂自己、包容自己的人陪伴在身边，可以倾诉，可以抵挡孤独，这是爱情。爱情走向婚姻，意味着更多的责任与担当，所以第二次生命是婚姻与事业的结合。

事业是一个人安身立命的根本，是实现自我价值、自我成就的主要途径。我们要有自己的事业，无论是男人还是女人。传统的观念来看，男人养家糊口、女人相夫教子是一种常态，所以对于广大女性来说，事业尤为重要，事业能够帮助女性独立，经济的独立是精神得以独立的前提，走过了备受宠溺的岁月，褪去了最初的热情冲动，生活落入柴米油盐。女性想要保持自己在家庭中的地位与说话分量，想要赢得尊重，就不能做婚姻的寄生虫，不能理直气壮地伸手向老公要钱，只要不与社会脱节，就能够保持一种从容的心态。

找一个适合自己的职业，投入一份自己喜欢的事业与结一段美满的婚姻一样需要慎重，好的事业与婚姻之间可以相互勉励、相互扶持、共同成长。

可是事业是生活的全部吗？不是。还需要婚姻，需要一个人，与自己相守相伴，同甘苦、共患难，一起经营生活，笑看人生中的美丽风景。专注于事业并非一定要成为我们前文中提到过的女强人，忙来忙去把自己剩下了。婚姻是一个人情感与身心的归属，选择对了，对自己的事业也是有帮助的。好的婚姻可以慰藉事业上的挫败，但是即使事业风生水起，恐怕也难以填补婚姻空白带来的空洞之感。

人的第三次生命是迎接新的生命，是拥有自己的孩子。孩子是婚姻带来的礼物，是两个人爱情的结晶，新生儿降临人世的那一刻，对于初为人父母的夫妻来说，自己的第三次生命也随之降临了。

有了孩子的世界与没有孩子的世界是截然不同的，孩子所能带来的快乐远远大于名望、财富、权力。虽然年轻不再，但是目睹自己的子女成长，目送他们去追求自己的幸福便是最大的慰藉。如同我们的父母为我们牵肠挂肚一样，孩子的幸福亦会牵系着我们的心，决定着我们晚年生活的幸福感。

对于女人来说，母性是一种流淌在血液中的情愫，那种温柔的、绵密的爱，这让"母亲"这个词总是与牺牲、奉献、博爱精神联系起来。为什么我积极地鼓励大龄女青年改变自己的心态和生活状态，努力把自己嫁出去？因为我也是一位女性，对女人一生中要经历的每一个重要节点，要体会的每一种特殊心情都能感同身受，身为妻子，我知道家庭能够给自己带来多少温暖与力量，身为母亲，我知道孩子的喜怒哀乐多么牵动母亲的神经。

第六章
锻造婚姻

能在最合适的年纪做最恰当的事是一份难得的幸运，可是上天给予女性好的年纪并不多，错过了最佳生育年龄，再急切地一心求子，对母亲、对孩子，都会多出无数危险。所以，即使从优生这一个角度，女性不让自己剩下，也是在对自己、对家庭、对子女负责任。

平常看到的娱乐新闻中会有女明星冒着成为高龄产妇的危险怀孕生子的消息，女明星因为职业的关系往往成婚较晚，生儿育女便成了压在心口的一块石头。影星刘嘉玲早年成名，事业爱情双丰收，名下的资产不知让多少人羡慕得流口水，可是她想做母亲的心愿却一直未能达成，参拜法师、诵经祈福也没有结果。年过不惑的才女徐静蕾虽然没有结婚，但是选择在美国冷冻卵子，保留自己做母亲的机会。而人们熟知的龚心如、宝咏琴这样事业成功的富婆，都曾经因为没有生

养孩子而难过忧郁。钱财是身外之物，千金散尽还能复来，可是错过了做母亲的机会，留下的可能是一辈子的遗憾。

我很幸运，拥有一个活泼可爱、聪明伶俐的儿子，儿子的到来不仅给家庭增添了无尽的欢笑，更让我有了长足的成长与进步。无论工作多么辛苦，无论有怎样的压力与无奈，只要见到儿子的笑容，见到他恬然入睡的安详神态，我的心就是柔软的、喜悦的。儿子是上天给我的礼物，看着他、拥抱他是一种难以言说的幸福。有时想到他会长大，会背起行囊离开我的身边，会成长历练，独自见识外面的风景，我便会忍不住难过，甚至因为想象他长大后离开我的时候，担忧并感到悲伤了。就像朱自清先生的《背影》，我甚至突然理解了婆婆有时对我的敌视，许多时候，她也许并不是针对我，而是深深地爱着她的儿子，而我正是"抢走"她儿子的那个人。人同此心，心同此理，母亲的心思情怀都是一样的。

生命是一场轮回，每个人都要从孩提时代开始成长，脱离父母的怀抱，成家、立业、养育子女，这是一个过程，也是一种完成，是我们生而为人的使命。在这样一场轮回之中，在我们必经的三次生命之中，婚姻贯穿前后，是起到连接作用的纽带。

怎样选择一条适合自己的纽带？

第六章
锻造婚姻

前来征婚的许多人都喜欢说这样一句话："我要求不高，就想找一个有感觉的。"可是什么算是有感觉？我最害怕这种听起来理由充分，实则虚无缥缈、没有根基的择偶标准，喜怒哀乐都是感觉，可是感觉可靠吗？

没有要求才是最高的要求！来婚介找对象的人，都是在自己的圈子里找不到合适的人，这本身就意味着有很高的要求，所以才需要依托婚介机构，而这里面最大的问题是他们自己根本就不知道自己想要的是什么，所谓的有感觉，他们今天心情好感觉好，明天心情不好就感觉不好了，他们怎么保证这个感觉呢？看看现代人的婚姻，不都是几乎一样的模式吗？恋爱的时候感觉好，结婚以后感觉就不好了，离婚的时候感觉非常糟糕。同样都是这两个人，原来好的感觉都跑到哪里去了？

选择一个人，与其度过漫长又短暂的人生，需要勇气，也考验着我们的运气与眼光。在上一章中我讲到了如何识破婚恋中的骗局，如何提防感情骗子，尤其是如何辨别渣男。其实无论是男人还是女人的品德对于两个人的婚姻都非常重要。朋友家以前有个保姆检查出来得了乙肝，没过多久她的丈夫就提出了离婚。其实她的状况并没有多么严重，完全在可控范围之内，但是那个男人却因为不想负责任，匆匆与她断绝了一切关系。我也曾经见过生下智障孩子的妻子抛下丈夫与孩子逃离家庭的案例，这些都是不负责任的表现，面对婚姻与家庭不能扮演好自己的角色，不能担当起应有的职责。这样人品不好的人无论跟谁在一起，婚姻都不会幸福，无论是谁找到了这样的人，最后都是痛苦，而我们很多人在选择对象的时候，根本就不考虑人品，总是觉得人品距离我们太远了，只要对方对我好就够了，其他的都不重要。其实，对于一个人品不好的人来说，他对谁都不可能好，包括对他自己，因为他在害别人的时候，也同时把自己害了，断了自己与他人之间的所有的路。

婚姻不单单是爱情的升华，更是一种人品的考验，你决定牵手一生的人，能否陪你风雨兼程、患难与共？你怀孕的时候他不会出轨，你丢了工作不会被嫌弃，你生了病会得到精心的照顾，这既是负责任，也是真爱。

美貌重要吗？身高重要吗？钱财重要吗？权力重要吗？重要，也都不重要。婚姻连接的是你的整个生命，还有什么比生命更重要的呢？

好婚姻语录 婚姻不单单是爱情的升华，更是一种人品的考验，你决定牵手一生的人，能否陪你风雨兼程、患难与共？

第六章
锻造婚姻

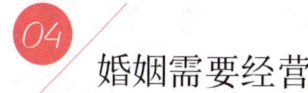 婚姻需要经营

《圣经》中说，爱是恒久忍耐，又有恩慈，凡事包容；佛教也劝慰世人，生命需要修行，这修行之中便包含忍耐与慈悲。婚姻亦是如此，需要修行、需要经营，要懂得包容、懂得忍耐。

无论多么仔细、小心、挑剔，想找一个完美的人结婚都如同天方夜谭，每个人都有缺点，都有短板，都有不足之处，牵手步入婚姻的殿堂，首先就要接受对方的不完美。人在恋爱时总会将自己最好的一面展现给对方，等到结婚后，表现出来的则是真实的、完整的自己，这样的另一半，你是否能接受呢？

莲花长在淤泥之中，却能开出最为洁白的花，为什么莲花不长在洁净的地方？因为正是淤泥才能为它提供养分，它要在淤泥之中修炼自己，才能有盛开的机会。婚姻便是一场修行，两个人相互磨合、共同成长。

如果你没有娶到一位温柔的妻子，就要接受她偶尔爆发的脾气，

与她一起磨砺一颗平静的心；如果你没能嫁给一个腰缠万贯的丈夫，就要给他信心和鼓励，给他时间和机会，与他一起打拼，共同经营一个温馨的家庭。

婚姻带给人的应该是爱与成长，而不是气恼和压力，学会收敛自己的锋芒，藏起火爆的脾气，用温柔的笑脸去面对爱人，学会用智慧解决矛盾、争端，多体谅、多倾诉、多倾听。

婚姻是两个人共同的承诺，共同种下的一颗种子，需要浇水、施肥、松土、驱赶虫害，让它慢慢发芽、生长，开出花朵，结出果实。经历一段时间的磨合之后，两个人才能适应婚姻生活，男人、女人，在这个时候才算完全成熟。比如恋爱期间追求浪漫，吃顿饭也要挑选优雅温馨、有恋爱气氛的地方，结婚之后面对的却是琐碎的生活，要学会节俭、顾家，这时候恐怕连外卖也不会经常点了。两个人一起下厨，在欢声笑语中做一顿丰盛的晚餐，享受二人世界的美好与宁静，这就是一种成长的表现。

如果你的另一半是一块普通的石头，你就是手握利器的雕刻师，至于雕刻出来是一尊佛像还是一堆废料，完全在于自己，在于心中的设想，在于下手的力度。

之前来我这里征婚的一个男孩，到了谈婚论嫁的年纪，可是言行

第六章
锻造婚姻

谈止却不太成熟,一副没长大的样子,像个涉世未深的少年。我们给他匹配了好几个女生都没有牵手成功,女孩们给我的反馈高度一致:他不太会照顾人。不会照顾人,这的确是那个男孩身上一个明显的缺点,后来在多位红娘的努力下,为他匹配了一个情商很高的女孩,她成熟稳重,很细致,也懂得如何照顾别人。

这个女孩成功找到了他的幸福密码和成长开关,按下去,便激发出了男孩内心深处作为一个男人的责任感。后来有一次他们与我一起吃饭,此时的他们已经有了一个一岁多的可爱女儿。吃饭前他细心地将所有人的餐具都用开水烫了一遍,柔声问妻子想吃什么,妻子说想吃饺子,饺子上来了,很烫,他吹一吹才夹给妻子。女儿要吃青菜,他转身找服务员借了一把剪刀,用开水烫过之后将青菜剪成小段,长度刚好适合一个幼儿。他的妻子笑吟吟地看着他做这一切,脸上写满了甜蜜与幸福。

男孩的心理成熟普遍比女孩晚，就像一颗青涩的果子，等到成熟才能散发出浓郁的果香。一个男人不会照顾人，就需要做妻子的去激发他，让他知道自己是丈夫、是父亲，需要关爱妻子和孩子，需要担当家庭责任。

关于这一点，我自己也深有体会。儿子出生之后，我的先生在顾家这个问题上有了很大的改观，我时常用儿子来激发他的责任感、激发他的父爱，包括让他亲自抱孩子、带孩子，参与规划儿子的未来。我们打算送儿子到国外读书，那么就需要两个人共同努力，包括给孩子优质的家庭教育，增长他的见识、开阔他的眼界，以及更加努力工作，为他提供充足的资金支持，在准备这些的时候，我看到了先生身上一点一点的变化。

发现另一半的变化是一件欣喜的事情，其实在这个过程中，我们自己也会发生很大的变化，慢慢改掉一些缺点和毛病，慢慢懂得感恩、懂得包容。在通过儿子激发我先生的责任感的时候，我发现自己的脾气也在不断变好，越来越有耐心，越来越有情趣。

我先生不太懂得浪漫，不善言辞，很少送我礼物，可是儿子被我调教得思想比较西化，善于表达自己的感情，也懂得如何通过小礼物表达对父母的爱意。我喜欢收集钱币，生日或节日的时候，儿子会细

第六章
锻造婚姻

心地用礼品纸包裹一些纪念币，写上祝福的话放在我的门口；我姐姐经常给他买巧克力，他会带到我的公司，放在我办公室门口，敲敲门，等我出去看，他便躲在不远处观察我的反应，他还会给我的同事们分发巧克力，叔叔、阿姨叫得特别甜，公司里的人都喜欢他。

儿子的行为给了我先生很大的带动作用，有时候他额外赚了一笔钱之后，首先会问我想买点什么，有时会送钻石戒指给我，甚至比求婚时还浪漫；下班回家，儿子跑过来拥抱我的时候，先生也会凑过来，于是就变成了一家三口的幸福拥抱。在家里我俨然成了"女王大人"，只需要发号施令即可，比如说一句"宝贝给妈妈拿一下桌子上的书好吗"，儿子便会把书送过来，说一句"口渴"，先生会乐呵呵地从三楼给我送一杯水下来，这在结婚初期是绝对想象不到的待遇。

不得不承认，在婚姻的最初阶段，我也并不懂得如何经营。儿子出生后，我的生活重心几乎全部转移到了这个小生命身上，在儿子的成长过程中，我才发现自己过去忽视了对丈夫的关怀。如今，我的心态越来越平和，越来越包容，这里面有我自己学习、自我提升的结果，也有丈夫、儿子带给我的成长。生活需要亲人的陪伴，不断磨合，打磨成适合彼此的尺寸。其实看看"婚"这个字，一个"女"加一个"昏"，走进婚姻的时候人都是处于混混沌沌的状态，被许多事情弄得焦头烂额，不知道该怎么处理夫妻之间、与亲戚朋友之间的关系，可是随着时间的沉淀，所有纷繁的事情都会理出头绪，变得清晰，此时婚姻中剩下的多是乐趣，很少再有烦恼了。

男人在婚姻中需要激发、需要成长，女人也是如此。一个女孩，从天真烂漫的少女到你的女朋友，从你的妻子，到孩子的母亲，这是一个漫长的成长过程。男人要有耐心，给她充分的时间和空间去慢慢蜕变。女人就像蝴蝶，从一只不起眼的毛毛虫，蜕变到轻盈美丽，能够振翅飞舞，需要一个过程，需要适宜的环境。也许结婚初期与公婆相处不好，但是哪个女儿不是父母掌心的宝贝，初到公婆面前毕竟会有些不自在，感情疏离也是情理之中的事。这时候要给她时间，等她自己做了母亲，自然就会体谅丈夫的母亲了。就像我，身为人母之后，觉得儿子是世间最好的，再优秀、再貌美的女性也配不上他，这个时候我突然理解了婆婆。在她眼里，她的儿子是最优秀的，我配不上她的儿子。有了感同身受，我与婆婆的关系自然就变好了。

男人要懂得体谅女人，你对自己的妻子好一些，她感念你的体贴入微，自然也会感恩你的父母给了她一位好丈夫。

我从小被父母照顾惯了，而我的先生在家里是小儿子，也受到父母的百般宠爱，这样的两个人走到一起，恋爱时还好，结婚后发现了

第六章
锻造婚姻

对方许多不尽完美的地方。其实这就是婚姻带给人的锻炼,恋爱时没有成长的那一部分,在婚姻中就需要成长起来。但是这需要有耐心,等待蝴蝶破茧而出。

每个人都是不完美的,要允许对方不完美,也要允许自己不完美,然后去包容、去经营、去改善,共同成长。 对方能挣钱,就包容他的强势,用温柔改变他的飞扬跋扈;对方不能挣钱,就包容他的懦弱,用热情激励他的斗志,总之兵来将挡水来土掩,有了这样的心态,婚姻生活永远是向上走的。

"伴侣"两个人,"伴"是一个"人"一个"半",一人一半。自己只能给自己打50分,找对象时找个50分组合起来就100分了;"侣"是一个"人"两张"口",就是说婚姻中要允许两个人都有说话的权利,两个口去沟通。两个人从开始的相互吸引,到彼此需要,成家了,后半辈子长相伴随,这就是婚姻。"婚姻"两个字也是组合,两个人的组合,两个家庭的组合,一阴一阳,成为整体,血脉相融。**爱对方就是在爱自己,改变自己就是在提升两个人的婚姻品质。**

> **好婚姻语录**　　爱对方就是在爱自己,改变自己就是在提升两个人的婚姻品质。

后 记

我从事婚恋工作已经超过20年了，伴随着金凤凰婚恋机构的成长和进步，我为曾经服务过的50多万对会员感到高兴和自豪，更令人欣慰的是，通过我们的努力，有数百个处于解体边缘的家庭成功和好如初，这是我最骄傲的事业。我对金凤凰和婚恋行业的未来充满了信心，并且一定要把得到业内推崇和市民认可的"三不换"理念(不换地点、不换老板、不换招牌)坚持到底并不断发扬光大。

结婚是人生幸福的起点，婚姻的幸福经营是王道，这就更加需要专业的婚姻家庭咨询师及婚姻家庭行业里的专业机构来进行培训和辅导。人们现在的婚姻需求已经不再停留在成功配对的层面，正在往情感辅导的深层次延伸，同时也提升了对全行业的专业水准和专业程度的要求。连续五年来80后、90后离婚率直线上升，2016年是婚恋行业的蜕变之年，以我们的金凤凰机构来讲，我们的红娘团队一直在向婚姻家庭咨询师和心理咨询师这个方向转型，我们的客户越来越倾向于有问题就求助于婚姻家庭咨询师，甚至一部分家庭配备了私人情感咨询师和心理咨询师。我庆幸金凤凰团队在这方面走在了全国同行的

后 记

前面，牢牢把握住了婚恋行业的发展潮流和趋势。

现在的 80 后、90 后每天沉浸在脸书、推特、微信和 QQ 这些网络世界里，很迷恋网络社交，却缺少面对面沟通的能力，尤其是跟心仪的另一半进行心灵的沟通。鉴于过去都是强调一对一服务，开小灶，始终无法推广服务到社会的更大层面，我们专门推出了婚姻学院，主动走进大型企业和社区及社会团体，面对非会员人群做专业的婚姻辅导，变一对一为一对多服务，得到了政府相关部门和社会各界的肯定与好评。在"互联网+"婚恋的时代，金凤凰创造性地把婚恋＋旅游＋旅拍＋婚礼进行了深度开拓，使婚姻产业链得到了有效的延伸和开发。在我们 20 多年的工作中，金凤凰一路走来，得到各级政府有关部门和各界朋友及事业伙伴的支持与关照，我和金凤凰团队心中充满了感谢、感激和感恩。

现在我的专著《好婚姻靠设计》一书即将付梓印刷发行，借此机会我谨向深圳文联副主席杨争光先生，深圳消费者委员会古洪涛主任，中社联婚姻文化联合会监事会主席张燕平先生，上海市婚庆行业协会曹仲华会长，广东省婚庆行业协会常务副会长兼秘书长林雪吟女士，珠海市婚庆行业协会赫九宇会长，深圳市保健科技学会秘书长梁凯林先生，深圳市民政局原副局长、现深圳市婚庆行业协会终身名誉会长李锦灶先生，深圳市婚庆主持人专业委员会肖飞会长等众多领导和朋友，致以我最诚挚的感谢！当然，我也要感谢深圳市婚庆行业协会的全体同事和金凤凰团队的伙伴以及华夏出版社的朋友们，没有你们的支持和关爱，就没有金凤凰的成功和《好婚姻靠设计》这本书的问世。本书还特别感谢我的小伙伴刘洋，他利用春节期间帮我整理书稿，都没回家过年！感谢协会法人崔建明像兄弟一样，给予我很大的帮助，感谢讯鹰传媒的莫庸先生，感谢社会各界、新老会员及学员们对金凤凰二十载的支持。

我们在2016年率先在全国推出百场婚姻公益讲座，金凤凰成立了首家"婚姻学院"。这也是全国婚恋机构中首家把婚姻当成爱的教育事业在传播！

千言万语，道不尽心中的感谢！

金凤凰创始人 刘 金

2016年9月

附 录

各报刊有关金凤凰的报道

摘自 2010 年《深圳特区报》3 月 11 日报道

深圳消费者信得过婚介企业联袂庆祝《中华人民共和国婚姻介绍服务国家标准》隆重颁布实施

金凤凰婚姻介绍所·金凤凰婚介金字招牌

　　在近年的国庆长假等佳节期间，金凤凰曾频密举办大型婚介交友活动，而这些活动的组织者中，总能见到金凤凰婚姻介绍所的名字。

而事实上，这个名字在深圳婚介交友圈中，已是赫赫有名的品牌。

深圳婚介诚信老牌子

据笔者了解，深港金凤凰婚姻机构，早在1996年就已成立。说它是个诚信的老牌婚介机构，其实绝不过分。在深圳婚介圈，金凤凰是唯一一家在香港和深圳两地均有注册、且在两地均有自购物业作为营业场所的婚介所，其运营得到了深港两地主管部门和相关婚庆行业协会的支持，并被海内外媒体广泛报道及给予好评，其中包括东莞、惠州、北京、上海、内蒙古、湖南等省市。"在业内，我们可以说是唯一一家从未被转让经营的婚介企业，我们一直都是自己在运营婚介业务。"金凤凰婚介总经理刘金女士自信地向笔者这样介绍。据悉，目前该所已成功配对喜结良缘的会员超过2万人。现有会员10万余人，会员包括各业界私企老板、公务员、海外归侨、教师、医生、工程师、白领丽人等。目前平均每日约有近百名单身男女朋友在此登记注册。

"我们的主要特色在于专注于深圳婚介交友，采取传统资料认证和现代网络沟通相结合的经营模式，因此既有传统模式中对于会员信息资料认证的严谨，又有着便利沟通的现代化通讯手段，便于相互交流沟通。"刘金女士表示。

专业为消费者服务

近年来,金凤凰密集举办大型交友联谊活动,引来媒体的普遍高度关注,其中包括《南方都市报》、《广州日报》、《文汇报》等知名媒体。而在这些报媒的诸多报道中,媒体对于金凤凰举办类似的活动,均持积极、肯定的态度,认为此举符合客观形势,也是社会发展的必然。

"与此相对应的是,越来越多的女性选择本地相亲。这些寻婿的女性中,不少是'高学历、高收入、高职位'的'三高'女性。而她们对男性的户口、职业、是否有房有车要求并不高,更强调性格、人品及对家庭的责任感。"刘金女士介绍称,目前金凤凰充分利用深圳人重视的"十·一"长假、七夕节、"光棍节",以及年轻人重视的圣诞节、元旦、情人节等日子,在各地频繁策划举办交友联谊活动,不仅应者云集,而且成效明显。刘金女士表示,深圳籍"三高"女性中,多为私营企业主、教师及服装设计师、建筑师、律师等专业界人士,年龄多在30至40岁之间,现在更有年龄逐渐年轻化的趋势,有不少未婚青年也加入到这一行列。刘金表示,这个年龄段的女士在深圳只有放宽年龄条件找"年长不少"的男士,"她们普遍认为如今有很多学历高、人品好及各方面综合素质都不错的单身男士,普遍看重男方的人品、学历及专业能力,而经济方面的要求次之,可以拓宽她们的选择面。"有意思的是深圳男士对这类女性也青睐有加。凭借多年操作的成熟的经验、方式、渠道及好口碑，刘金相信，金凤凰在这一领域的服务将愈加拓宽。

70%的客户慕名而来

"在目前市场环境下，正轨运作的婚介机构其实很难盈利，勉强能够维持运营成本。做这一行，如果要以诚待客，就必须做好'发不了财'的准备！"说到目前婚介市场的状况，刘金表达了自己的隐忧，同时也坚定表示了自己的选择。"金凤凰到现在做了14年，从来都没有转让给别人来做，一直是自己在默默地诚信经营。这不仅仅是我们有自有的物业做支撑，也是金凤凰一以贯之的追求和宗旨！"

正因为此，金凤凰所奉行的是一种会员低成本入会（普通会员收费499元）、维持会员总数量（目前总共有10万会员）的运营模式，实行免费查询资料，强调会员的自由沟通和对认证会员的精致服务，同时严格审核加入的会员有关证件资料。"目前我们的认证会员，有70%是纯粹靠口碑赢来的。不少慕名而来的客户说，正是看中了金凤凰这块重信誉的老牌子，才选择将自己的幸福交托。"有了客户的支持，金凤凰的经营也愈发显示出朝气与活力，活动方式也推陈出新，除了个别推荐,以及定期举办沙龙、派对、体育运动和旅游等活动,目前创新推出的"演播厅式"的交友联谊方式,已得到了良好的反应和评价。

相信金凤凰的未来,和它的名字一样,将成为深圳婚介圈中的一块金字招牌。

香港剩女北上相亲

10.1长假将至,不少香港女性北上相亲(图)。在不少深港婚姻介绍所举办的交友会中,已报名参加的单身男女中有近两成是港女,她们中不少是"高学历、高收入、高职位"的"三高"女性。而她们对男方的户口、职业、是否有房有车要求并不高,更强调性格和人品。

深圳罗湖婚姻登记处数据显示,2000年登记的56对涉港婚姻中,港女仅6人,07年上半年15对涉港婚姻中,港女就有13人。罗湖区婚姻登记处主任李焕元称:"这两年来,港女嫁到深圳的情况尤其明显。"他认为,高龄并非是年龄很大,而是过了适婚年龄。

摘自 2014 年《深圳特区报》3 月 13 日报道

金凤凰：为幸福坚守 18 年

——访深港金凤凰婚姻介绍所总经理刘金女士

还是国商大厦北座 8 楼 702 这个雅致的办公室，还是那位阳光健康的刘金女士，笔者多次颇有感触地访谈，都来自于这个深圳民营婚介行业著名的传奇"三不换"——不换经营地点、不换老板、不换牌子的婚介所。而这一次,对于金凤凰婚介服务表现出的独特创新和坚守品格,笔者有了更深的感触。

走进心灵的服务

每次走访金凤凰,都会有新发现。而这次的新亮点,则是发现金凤凰的服务方式已不再是"守株待兔",而是主动走近潜在需求者,创新服务模式,通过"情感幸福大课堂"的方式走进企业,走进单身职工群体之中,为他们提供更贴心的婚恋指导服务。

"金凤凰的情感幸福课堂今年开始开办,现在已经办进了企业和部分事业单位,在单身职工和单身公务员群体中得到了良好反响。最近的一次,去年11月我们在宝安区任达集团工业园内举办课程,周边工业园区任达集团、艾美特、惠科电子等企业的近百名年轻人参加活动,当天就有三对年轻人配对成功!"据金凤凰婚介总经理刘金介绍,"情感幸福大课堂"通过"讲课+游戏"的方式,重在搭建观念交流平台,不仅邀请专业心理学、婚恋咨询导师讲课,寻找陌生心灵之间的"破冰"之法,还邀请单身青年现场参加自我表白、"闪约"、"晕头转向"、"抛绣球"等游戏环节,营造氛围拉近彼此距离。"自我表白环节中,

'找一个人来疼'、'与子偕老'、'相信我会给你一个美好的未来'，表达出青年们对爱情的美好向往，往往能得到这群平日极度期盼爱情春雨的年轻人的深切共鸣！"

据了解，金凤凰课堂不仅将婚恋课程、联谊活动直接办进工业区，还在各级政府单位的支持下办进了公务员群体和军警群体，同样也获得了成功。"80后、90后，本身就是独生子女群体，心灵普遍脆弱，缺少可倾诉的对象，很多人只懂索取不懂付出，再加上深圳是个移民城市，戒备心强，因此仅仅依靠交友、联谊这些浅表性的接触，也许可以获得暂时性的配对成功，但更关键的是如何保证婚姻的长久幸福，这才是我们婚介服务终极价值！"刘金表示，专业的情感课程，可以帮助年轻人学会情侣夫妻相处的方式，还能帮助年轻人学会换位思考，明白付出、包容的道理，他们的婚姻才有未来。"金凤凰的服务理念，是要关注征婚的本质：不仅仅是要一个结婚的结果，而且是要帮助人们获得真正的、长久的幸福！"

十八载如一的服务

罗湖国商大厦，深圳著名的写字楼，至今仍是深圳的地标建筑之一。这里的北座8楼702，也是一个地标，但更是一个"幸福老家"——

附 录

金凤凰婚介!不久前,曾经通过金凤凰找到人生伴侣的上海卢女士,突然来到金凤凰。这次她的到来,不仅是"回娘家",还给金凤凰带来了一个惊喜——卢女士带着自己的侄女来入会了!两代人的幸福,全都托付给了金凤凰;时光荏苒,人生的历史又兜转回国商北座8楼702这个地标!

"多少年了,金凤凰还在,当年的老红娘还在!"许多"回娘家"看看的老会员,来到这个地标时,都会不约而同发出这样的感叹!自自1996年起,金凤凰就一直在国商北座8楼702这个自有物业里办公,从未变更!在深圳民营婚介行业内,金凤凰是罕见的一家"三不换"——不换经营地点、不换老板、不换招牌,抱定信念始终坚守"金凤凰"这块金字招牌,而今即将跨过18载岁月!

"我们把会员当朋友和家人看待。这里一直是金凤凰的自有物业,也是会员的娘家。老会员们经常回来看我们,那种感觉很棒很棒!"每当刘金说起这些时,脸上便有一种异样的幸福!

"我们一直坚持会员资料人工认证审核并由工作人员上传的操作方式,会员的资料经过了严格的官方身份认证程序,确保每份会员资料都真实可信。资料真实可信、服务真诚到位,成功率自然能保持高水准。"刘金说,现在金凤凰的新会员70%来自于老会员介绍,这部分会员是完全靠金凤凰长年积累的口碑叠加效应赢得的。现在，金凤凰的会员已经扩散到全国，其中包括北京、上海、内蒙古、湖南等省市，几乎所有省份的大城市都有会员，形成了以珠三角为主、覆盖全国的会员网络，已服务超过 50 万名会员，经其成功配对喜结良缘的会员已超过 10 万人。说到诚信经营，仅凭这一点，这家 18 年的老牌婚介所就值得信赖。

金牌级的服务

"说实话，在深圳做婚介这一行，真的是太难了！婚托、婚骗给行业带来恶名，一部分人往往戴着有色眼镜看待所有婚介机构，个别媒体报忧不报喜，只见负面鲜见正面。对于真心想做好婚介事业的来说，正能量太少了！"采访中，刘金坦言，婚介是一个主观服务行业，不可能会得到会员100%的满意，因此零投诉是不可能的；而投诉的根源，绝大部分是因为彼此沟通不到位、有误区有盲点造成的。

"婚介服务的本质，是需要有人与他（她）进行内心的交流、沟通。他们能体会到我们耐心、细心、贴心的服务，即使暂时没有成功，也会很愿意与我们沟通，和我们保持朋友般的良好关系。有了互相信任支持的关系，最终会促进配对。所以，只要服务做好了，成功率就不会低。要做金字招牌,就必须拿出金牌级别的服务水准!"刘金介绍说,金凤凰对红娘们有一项要求,那就是不管多晚都要接会员的电话。"深夜打来电话,大部分都有心灵倾诉的渴求。接了这个电话,不仅仅是一种慰藉,更有可能就挽救了一次轻生的危险!"

服务求新、敢于创新,是企业的永续经营之道。据了解,目前金凤凰的服务团队,已经从最早的"50年代红娘"主力成功过渡到"80后红娘"领衔,她们大多拥有大学本科以上的学历,接受过情感咨询等专业课程的培训。此外,团队分工也更加细致,分别建立了客服、技术、活动、网络、策划、回访等不同部门团结协作,积累了丰富的操作经验。为了加强红娘们的心理抗压能力,金凤凰还定期邀请外聘专家授课和进行定期内部培训交流,持续提升服务团队的服务水准。

"要做金字招牌,就必须拿出金牌级别的服务水准!"刘金说。

摘自2009年9月14日香港《文汇报》报道

"三高"港女北上择偶成风

内地网站征友登记5年升70倍

香港与内地交流日益紧密，南北联姻越来越多，上周的999结婚热潮中，有提供婚姻监礼人服务的香港律师行指，"中港"婚姻竟占到8成。随着本港女性人口日渐超过男性，北上觅偶的再不限于低层男士，越来越多港女选择内地男士，有专门撮合深港姻缘的婚介所表示，近年在他们婚介所登记的港女增长5倍，尤其是08年以来，年轻漂亮或者事业有成的女性比例增加1到2成。内地热门交友网站所录得的香港女性登记征友个案在过去5年间更大幅飙升70倍，其中本科学历以上占逾半，"三高"港女（高学历、高收入、高地位）北上征婚成风。

港府统计处最新数据显示，2009年中，香港女性人口超过370万，较男性多40多万，较08年的38万差距进一步扩大。加上港男北上觅偶早已屡见不鲜，加剧港女单身危机，纷纷北上"求婚"。与此同时，随着内地经济发展迅速，越来越多事业有成香港女性在内地扎根，也更愿意在内地寻找伴侣。

内地知名交友网站世纪佳缘对该站登记的香港女性所做的调查发现，多数女性觉得在港择偶面比较窄，另一方面亦发现内地男性素质不逊港男，且选择众多。网站指，近2年在深圳等地举行的交流活动，均吸引不少香港女性会员参加。

目前参加深圳一场单身派对的李小姐是香港某跨国公司的行政总裁助理，37岁的她已把择偶范围放到了珠三角地区。她表示，现在感觉内地人的素质较以前提高很多，尤其是深圳、广州等珠三角发达地区的有不少事业成功，综合素质很高的优秀男士。她说，通过单身派对已认识几位条件合适的优秀男士，相信经进一步了解可以找到合适的"另一半"。

海啸带旺内地婚介市场

金凤凰深港婚介所深圳部经理刘金称，去年金融海啸也为港女带来心理危机，令以往独挡一面的港女寻找依靠的心理需求增强，带旺内地婚介市场。"往年通过深圳婚介登记的港女最多100人，去年下半年开始增长明显，今年仅到8月份已飙升至500人，当中在深圳或者东莞拥有工厂的'三高港女'超过2成"。

"这类女性择偶最主要条件是对方有稳定的工作及较好的文化素质，她们对年龄要求比较严格，不能比自己大太多，反而少几岁也无所谓。"刘金说，这类商业女性事业心往往比较重，她们频繁往来深港，两边都有房产。她们要求对方也有自己的事业，并不需要天天在一起，一周可能见2、3次面。

港籍太座便利投资

刘金指出，内地从商的男士对这类港女也青睐有加。"港商在内地投资可以有一定的优惠，有些男士觉得找个港籍女士对生意有好处……不少男士听说对方是香港女士都会多加关注。"

随着互联网的发展，网络征婚大行其道。据世纪佳缘交友网统计，03年在该网站登记的港女仅80位，08年增长至5,000多人，狂增近70倍。这些女性大多数接受过良好的教育，学历在大专以上的比例达到75%，本科以上的亦逾50%。珍爱网亦录得2009年前8月登记香港女士数量为05年同期的175倍，增速令人咋舌。

网站征友相对简单

在网站登记征婚的卫小姐表示，通过网站到内地征友相对简单，大家在网上沟通，觉得合适或心仪了，再联系相亲。"通过婚介机构或亲友介绍还要特意安排时间亲自到场，有些麻烦。"另一位周小姐则表示，自己生活简单，与外界接触较少，在家里也一直与父母同住，每天生活都是两点一线——家和公司。所以这么多年来一直没碰到合适的对象。由于公司与内地有密切的业务往来，想在内地试试，干脆在内地的交友网站登记。"前阵子参加了网站举办的联谊活动，暂时还没碰到适合的。不过反正还有机会，自己有空也会在网站上浏览一下，有合适的会主动联系。"

好婚姻靠设计

摘自 2009 年《广州日报》9 月 29 日报道

"十一"赴深征婚 "三高"港女北上

十一长假将至,不少香港女性北上相亲。在不少深港婚姻介绍所举办的交友会中,已报名参加的单身男女中有近两成是港女,她们中不少是"高学历、高收入、高职位"的"三高"女性。而她们对男方的户口、职业、是否有房有车要求并不高,更强调性格和人品。

根据香港方面今年7月底的统计数据显示,去年有3948宗香港女性与内地男性结婚,呈上升趋势,这与港男娶内地女呈下降趋势背道而驰。有专家认为,港女不愿意找港男,其中最大的原因是觉得香港男人不上进。而港男也不愿意找香港的女孩,原因是嫌弃她们的虚荣和依赖感。在此趋势下,港女、港男们纷纷把目光投向内地。

钻石级港女跨境寻夫

今年32岁的林小姐是土生土长的香港人,曾做过模特的她不仅身材相貌出众,且干练多金。她毕业于澳大利亚墨尔本大学金融专业,目前在深圳一家金融公司做主管,年薪60万元,在香港有一套自己的物业。

林小姐一直追求者如云,许多港男都认为其高不可攀,她却一直迟迟未谈婚论嫁。最终她将绣球抛给了在深工作的上海籍男士吴先生,两人计划于今年年底结婚。林小姐与吴先生是在工作关系中一来二往逐渐熟稔,彼此来电的。

吴先生也是海归，两人站在一起相当般配，虽说其年薪也近40万元，但与林小姐相比还是有差距。是什么原因最终赢得美人归？"他煮得一手好菜，愿意帮我分担家务。"林小姐说，"先生非常体贴，不像香港男人那么大男子主义"。

起初林小姐的父母对于这段感情比较疑虑，吴先生用行动改变了他们的看法。林小姐告诉记者，愿意为了爱人放弃目前的生活环境，彻底融入深圳。二人已打算在关口附近买一套房子，以方便林小姐会娘家探亲。

林小姐并不觉得"三高"女性嫁不出去，而是本来条件不错，不愿意委屈自己，"婚姻是终身大事，必须要慎重考虑才行。"

"我们公司内部很多女孩，无论从外貌还是学历都极为优秀，但是就是找不到适合自己的另一半。"她说，"现在香港的男士也喜欢选择北上娶妻，因此香港本地资源也减少了，反过来想，港女同样也可以北上'寻夫'"。

记者了解到，港女逆流而上，纷纷将绣球抛往内地。香港统计处最近统计报告显示，香港男子与内地女性结婚人数从2006年的28145例跌落至去年的19003例，但与此相反的是，去年有3948宗香港女性与内地男性结婚，呈上升趋势。而由于经济发达、地理上靠近香港，深圳更成为港女定居首选。

"以前都是双方年龄差距比较大,来深觅夫的女性一般是离过婚,或者40岁以上年龄较大的",罗湖区婚姻登记处主任李焕元告诉记者,"但是近两年来,许多未婚的港女也有嫁到深圳,本来她们条件也不错"。

深圳罗湖区婚姻登记处统计数据显示,2000年登记的56对涉港婚姻中,港女仅6人,而2007年上本年15对涉港婚姻中,港女就有13人。李焕元说,"这两年来,港女嫁到深圳的情况尤其明显。"他认为,高龄并非是年龄很大,而是过了适婚年龄的香港女性。许多年轻的"三高"港女通过朋友、同事等圈子找到了自己的另外一半。

港人北上征婚热催生婚介频办深港单身联谊

近些年来,港女北上寻夫已经由零星个案成为值得关注的现象。记者昨日拿到一份由香港统计处最新完成的《香港的女性及男性主要统计数字(2009年版)》。该报告显示,在香港男子与内地女性联姻人数出现下降趋势的情况下,与内地男性结婚的港女人数反而上升。

根据该份报告,2006年香港男性与内地女性结婚人数为28145例,而到2008年下降至19003例。然而港女抛绣球给内地男子的数目却越来越多。根据香港统计处统计,去年有3948宗香港女性与内地男性结婚,呈上升趋势。

深圳不少婚介所也能够直接感受到近年来的变化。金凤凰深港婚介所深圳部经理刘金表示,将于十一当日举办的深港两地单身者相亲活动中,至今已经有约60人落实参加,当中约两成为港女。她说:"往年通过深圳婚介登记的香港女性最多100人,去年下半年开始明显增长,今年则更为明显,仅8月份已飙升至500人,其中绝大多数为'三高'女性,当中在深圳或者东莞拥有工厂的超过20%。"

记者了解到,目前注册的港籍"三高"女性中,多为私营企业主、教师及服装设计师、建筑师、律师等专业界人士,年龄多在30~50岁之间。刘金表示,这个年龄阶层在香港只有放宽年龄条件找"年长不少"的男士,而在内地就可以找"岁数相当的",小几岁也无所谓。

"她们普遍认为如今内地有很多学历高、人品好及各方面综合素质都不错的单身男士,到内地寻偶,可以拓宽她们的选择面。"记者了解到,这类商业女性事业心很强,要求对方也有自己的事业,无须天天厮守,一周一般见两三次。她们普遍看重男方的人品、学历及专业能力,而经济方面的要求次之。年轻些的女性都愿意对方是珠三角及广东籍人士,而年纪大些的则选择面较广,国内的均可。

刘金指出,内地从商男士对这类香港女性也青睐有加。"港商在内地投资有一定优惠,有些内地男子也会考虑这点。"

除婚介所,越来越多港女以网络方式来认识另一半。内地知名交友网站世纪佳缘对该站登记的香港女性做调查发现,自2006年以来,香港女性登记注册以每天100人的速度递增，目前大约有2万多会员，每年华南区域均有三至四次有香港女性参加的联谊活动。

"国庆节就有一场，在深圳火车站举行。目前已有700多人报名，其中已有700多人报名，其中香港女性占18%。"世纪佳缘华南区域媒介经理唐小姐告诉记者。

港女缘何"北上"？"阴盛阳衰"是主因

为何越来越多的港女来到内地觅夫婿？其深层原因与香港人口结构矛盾加剧有关。近年来，香港"阴盛阳衰"一直持续恶化，男女比例差距继续拉大。一份权威报告显示，2006年香港男女比例尚且为"1001：1000"，然而到了2001年则降为"956：1000"。该比例近年来持续下降，到去年则降为"896：1000"。

值得关注的是，在20~39岁的适婚群体中，自1996年起，女性人口一般就多过男性，而5年后，40~44岁女性人口也开始多过男性。女性的生育人数也一再推迟，去年香港女性的首次生育年龄中位数为29.8岁。而丧偶、离婚或分居群体中女性数目亦高过男性。而许多港男北上娶内地妻子，以及更多的内地女性到港定居也进一步扩大了男女的比例。

深港差距小

随着深港两地在艺术、文教以及双方政府等方面的合作交往，深港生活一体化已经势不可当。许多便民措施也加速了深港两地居民的交流融合。

香港统计处数据表明，香港女性在内地工作的人数逐渐稳步上升，而这有利于她们多了解内地发展，不再囿于地域，交到合适的朋友。"受负面新闻的影响，以前我对内地及内地人士有偏见，认为经济环境不好，人员素质不高，但在实际接触中发现并非如此。"已在金凤凰深港婚介所找到男友、目前正在交往的港籍建筑师王女士如是说。

她说正是深港渠道的打通，让自己真实地接触了内地及内地人士，良好的投资环境及高素质的男士不仅让自己彻底改变了从前心中的"负面印象"，还萌发了在内地寻找终身伴侣的想法，她的湖南籍男友就是今年5月在深圳认识并交往的。

专家看法：领证婚姻才起步，港女心态需调整

在逐年增多的深港跨境婚姻案例中，港女嫁到深圳渐成气候是近年来深港两地关系互动变迁的一个微观缩影。但深港之间客观差异依然会以细小琐事的冲突在跨境婚姻里存在。

李焕元建议深港两地年轻人联姻一定要慎重，"年轻人一定要认

真考虑彼此的感情基础。许多都是通过介绍认识,选择闪电式结婚,没有充分考虑以后将面临的两地文化差异。"他建议,如果要结婚,还是多接触几年,确定是否能够磨合到一起。

深圳大学法学院社会学系主任、深圳婚姻家庭研究会会长易松国认为,随着深港两地交通、制度等衔接日益紧密,在香港结构失衡的情况下,港女北上择偶是必然趋势。

但他也表示,港女不应抱过高期望,需要调整好自身的心态。他认为,港女嫁到深圳,从两个城市的差距来看,有点下嫁的意思,可能会存在向下的流动。而港女一般自身条件不错,只是年龄偏大,由于比较成熟,且已立业,在收入上可能比对方高,但是其需扮演一个妻子的角色,因此心态要调整。

易松国表示,香港比内地更现代化,接受的西方观念更多,因此在文化和生活价值观上还存在磨合。到深择偶面临两地分居、生活方式差异以及子女教育等现实问题,且这些现实问题将长期存在。

而有关深港跨境婚姻的专家也表示,大批高层港女通过网络、婚介到内地择偶难,根本原因在于香港人口结构失衡,高层女性择偶不仅是香港的问题,也是整个中国乃至全世界面临的问题。该专家呼吁,在人口结构没有得到改善的情况下,社会各界对独身女性要宽容、理解,不要给她们太大压力,以免盲目结婚。

摘自 2013 年香港《东方日报》8 月报道

港深莞相亲会，单身港人吃香

本港剩男剩女在内地仍然吃香！东莞樟木头观音山昨举行第三届港深莞万人相亲会，帮助三地单身男女牵红线，吸引近五千人参加，活动不但模仿内地相亲节目《非常勿扰》助男女即场配对，亦设有"玫瑰传情"等环节，让单身男女寻找令人面红耳热的心动感觉。主办单位称港人依然是内地男女心目中的理想对象。

活动场地一早已有大批男女急不及待进场，围观贴满参加者资料的"相亲墙"，寻找合眼缘的对象，不少参与者更主动询问有否港人参加，明显冀觅得港人爱侣。大会在开幕式后先以舞蹈表演及参加者的才艺表演暖场，再安排在场男女玩互动游戏，打破彼此隔膜，然后才正式进入相亲环节。

除了八分钟约会等快速配对活动，大会更特设"玫瑰传情"的相亲环节，让参加男女手持玫瑰花，对有意作进一步发展的对象递花示好，对方若收花即代表愿加深彼此认识；拒绝则意味要寻找另一个对象。

仿《非诚勿扰》掀高潮

而压轴的现场版《非诚勿扰》更掀起全场高潮，由于参加者多为年轻男女，表现毫无拘束，有男士一知道获美女的青睐，更兴奋得抱起对方，名副其实"抱得美人归"。

主办单位负责人刘女士透露，今次相亲会吸引近五千人参加，港人占当中近半成。男女比例相当，女性年龄大概介乎廿二岁至卅二岁之间，男性则为廿三至卅五岁之间。刘又称，今届参与的女士素质较往年佳，而配对成功率也颇高。

注：附录中的相关文章均为直接摘录，除繁体版的文字和标点转为简体版外，其他保留原样。

迅鹰,最具影响力的企业出版与文创品牌

扫一扫,联系我!

迅鹰是谁

向鹰学习高效、精准、务实的精神。八年来,迅鹰出版了一批企业案例和企业家经营思想的图书,成功构建了新的商业案例、经营模式、行业研究的经管图书出版体系与文创传播体系。

个性化策划

迅鹰从企业文创层面入手,挖掘每一个企业独到的成功、成长之道,针对不同行业、领域、现状的企业策划个性化企业出版与文创服务。迅鹰认为,一本书,不仅是一座陈列馆,还是对创业的感悟。出书,更是一个深度醒觉与重新上路的过程。

迅鹰团队

十四年文创、媒体、出版行业实操经验,八年连续创业者。

全流程

迅鹰提供全流程的企业出版服务,您只需告诉我你想要达成什么,其他的一切,交给我们。

媒体推广能力展现

不少于1000家媒体全面覆盖。